GUIDE PRATIQUE
RENSEIGNEMENTS & ADRESSES

Saigon

PAULATIM CRESCAM

Prix : 1 $

Éditeur : J. ASPAR, 24, rue Catinat, SAIGON

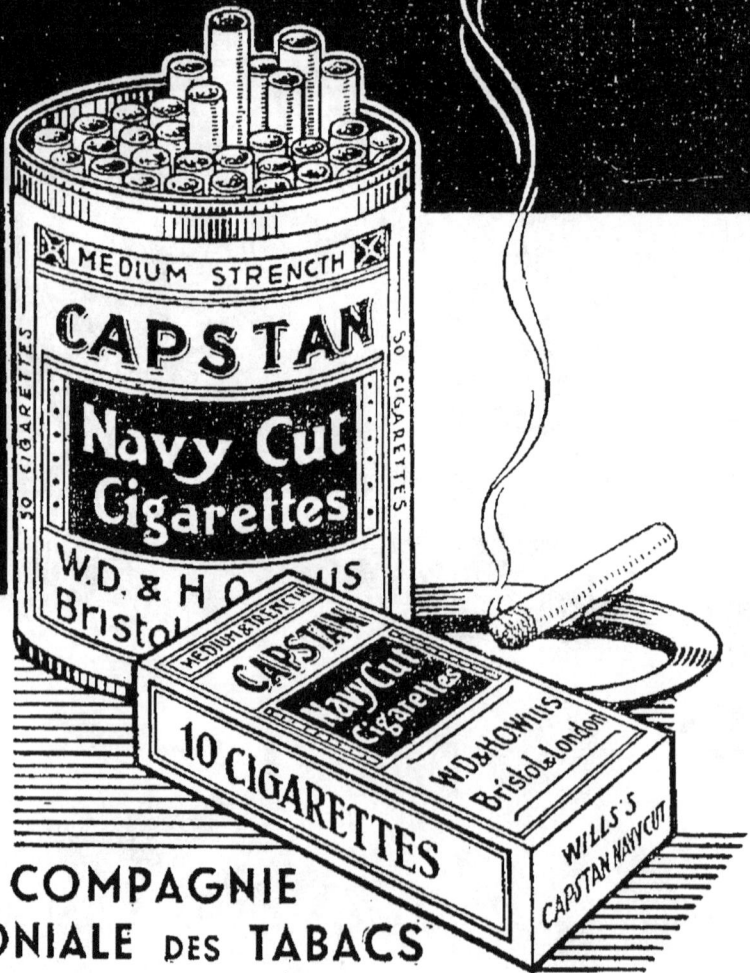

GUIDE PRATIQUE
RENSEIGNEMENTS & ADRESSES

1955

SAIGON

Avec Plan détaillé au 10.000ᵉ

Édité par J. ASPAR, Imprimeur - Libraire

24, Rue Catinat - SAIGON

TABLE DES MATIÈRES

SAIGON

Par ses nombreux édifices, par la belle ordonnance et la propreté de ses grandes artères, magnifiquement ombragées, par la séduction et le pittoresque des différents quartiers de la ville, Saigon, capitale de la Cochinchine, justifie vraiment son surnom de : *Perle d'Extrême-Orient.*

Bâtie sur la rive droite de la rivière qui porte son nom, à environ 80 km. de la mer, limitée au sud par le canal de Dérivation, au nord par l'arroyo de l'Avalanche et à l'ouest par les rues de Nancy et du Phu Thanh, la ville s'étend considérablement, formant trois quartiers bien distincts : 1º Le port et le quartier des affaires situé dans la partie comprise entre l'Arsenal, l'arroyo Chinois et la rue d'Espagne ; 2º La ville administrative, sur les pentes du plateau, depuis la rue d'Espagne jusqu'à la rue Chasseloup-Laubat (bureaux du Gouvernement, palais des gouverneurs, casernes, hôpitaux, écoles, postes, prison, etc...); 3º Enfin, sur le plateau, s'étendant jusqu'à l'arroyo de l'Avalanche, la ville française constituée par de superbes villas entourées de coquets jardins et traversée en tous sens par de larges rues, bordées de tamariniers, permettant une circulation aussi agréable qu'aisée.

Sa population est d'environ 130.000 habitants, dont 30.000 Chinois et 10.000 Européens. Quartier général de la Division Cochinchine-Cambodge et du commandement de la Marine en Indochine. Cour d'appel. Vicariat apostolique. Tête de ligne aéropostale à dix jours de la France.

Par sa situation économique exceptionnelle, dûe à ce que la richesse fondamentale de la colonie, le riz, est presque en totalité exportée par son port (plus d'un million de tonnes par an), Saigon est un des plus grands centres d'Extrême-Orient et la véritable capitale économique de l'Indochine.

*
* *

Nous croyons utile de signaler aux touristes de passage, qui les visiteront avec intérêt, les divers édifices et monuments publics ainsi que les principales curiosités de la ville :

Le *palais du Gouverneur Général*, et son magnifique parc, situé rue Mac-Mahon, face au boulevard Norodom ;

Le *palais du Gouverneur de la Cochinchine*, rue Lagrandière ;

La *cathédrale*, place Pigneau de Béhaine, au centre de la ville ;

L'*hôtel de Ville*, rue d'Espagne, face au boulevard Charner ;

Le *Théâtre Municipal*, place Francis-Garnier, face au boulevard Bonnard ;

Le *palais de Justice*, entrée rue Mac-Mahon ;

Le *bâtiment du Trésor public*, boulevard Charner ;

L'*hôtel des Postes et Télégraphes*, place Pigneau de Béhaine et rue Cardi ;

Les *Halles centrales*, place Eugène-Cuniac ;

Le *Jardin botanique*, comprenant de nombreuses et superbes espèces de la flore et de la faune indochinoises, dans un cadre ravissant ;

Le *Musée Blanchard de la Brosse*, consacré aux arts indochinois, et le *Temple du Souvenir annamite*, à l'entrée du Jardin botanique ;

La *Maison du combattant*, boulevard Norodom ;

Le *Jardin de la Ville*, aux larges avenues circulaires plantées d'arbres gigantesques, situé derrière le parc du Gouvernement général. Au centre : *statue de Gambetta ;* en bordure des rues Chasseloup-

Laubat et Miss Cawell, le superbe bâtiment du *Cercle sportif*, avec courts de tennis, terrain de foot-fall et splendide piscine à ciel ouvert ;

Le *Camp des lettrés*, entre les rues Chasseloup-Laubat, Blancsubé et Paul-Blanchy, joli square surmonté de flamboyants prodigieux ;

Le *Monument aux morts*, place Maréchal Joffre ;

De curieuses *pagodes* : celle des *Chettys*, rue Ohier ; celle de *Dakao*, rue Pierre ;

Des *statues* : *Pigneau de Béhaine* (devant la cathédrale), *Général Beylié* (rue Blancsubé), *Rigault de Genouilly*, *Francis Garnier* (sur les places de même nom), *Pétrus-Ky* (boulevard Norodom), etc...

Voir aussi, sur le *Tour d'Inspection* (route circulaire de Saigon-Giadinh-Cholon, très fréquentée des promeneurs), le célèbre *tombeau de l'Evêque d'Adran*, celui du *Général Lê-van-Duyet* et, à Chi-Hoa, le *Monument du Souvenir*.

LES RUES

Abréviations. — Avenue, a. — Boulevard, b. — Impasse, i. — Passage, p. — Place, pl. — Quai, q. — Rue, r. — Rueile, rle.

Nota. — *Dans les rues parallèles à la Rivière de Saigon (ex. rue d'Espagne) l'ordre des numéros suit presque toujours le cours du fleuve, et parconséquent augmente en le descendant. Dans les rues perpendiculaires (ex. rue Catinat), il part du fleuve. Les numéros pairs sont à droite, les numéros impairs à gauche.*

NOMS DES RUES	Nº Ar.	COMMENCE	FINIT
Albert Ier (boulevard) . . .	3	rue Chasseloup-Laubat . . .	rue Maréchal-Foch
Alphonse-Folliot.	3	» Jauréguiberry.	» Richaud
Alsace-Lorraine (d').	2	qu. de Belgique.	pl. Eugène Cuniac
Amiral Courbet.	2	rue Schrœder.	rue Amiral Roze
Amiral Dupré	1	» Pasteur	» Catinat
Amiral Krantz.	2	» Lacote.	» Colonel Boudonnet
Amiral Page.	1	pl. Pigneau de Béhaine. .	» Mac-Mahon
Amiral Roze.	2	rue Taberd	» Colonel Boudonnet
Arfeuille (d').	3	» Paul Blanchy.	» Mayer
Argonne (quai de l').	1	bd Luro	pl. Rigault de Genouilly
Ariès (d')	3	» Albert Ier.	rue Thomson
Arras (d')	2	» Galliéni.	» Chasseloup-Laubat
Ayot (d').	2	rue Mac-Mahon	» Boresse
Barbet.	3	rue Chasseloup-Laubat . . .	rue Mayer
Barbier	3	» Mayer.	» Vassoigne
Belgique (quai).	1	qu. Le Myre de Vilers. . .	Arroyo Chinois
Berserio. . . . . ,	2	rue Ch. de Cappe.	rue Victor Ollivier
Blancsubé.	1	bd Norodom.	pl. Maréchal Joffre
Boez.	2	rue Berserio	rue Vincensini
Bonnard (boulevard).	1-2	pl. Francis-Garnier.	pl. Eugène-Cuniac
Boresse.	2	qu. de Belgique.	rue Colonel Grimaud
Bourdais	2	» »	bd Galliéni
Can-Giuôc	2	rue Jean Eudel.	Canal de Dérivation
Capitaine Friatt.	1	» Pasteur.	rue Paul Blanchy
Carabelli.	1	» Catinat	bd Charner
Cardi.	1	» Paul Blanchy.	pl. Pigneau de Béhaine

NOMS DES RUES	Nº Ar.	COMMENCE	FINIT
Catinat	1	qu. Le Myre de Vilers	pl. Pigneau de Béhaine
Chaigneau	1	» de Belgique	rue Ohier
Champagne (de)	3	rue Paul Blanchy	» Verdun
Charles de Cappe	2	qu. de l'Yser	» Vincensini
Charner (boulevard)	1	» Le Myre de Vilers	rue d'Espagne
Chasseloup-Laubat	3	Arroyo de l'Avalanche	» Phu-Thanh
Chemin des Dames	2	rue Colonel Boudonnet	» Lagrandière
Colombert	1	» Blancsubé	» Mac-Mahon
Colombier	3	» Lareynière	» Verdun
Colonel Boudonnet	2	pl. Eugène-Cuniac	» Frères Louis
» Grimaud	2	bd Galliéni	» »
Commandant Raynal	2	rue Colonel Boudonnet	» Lacote
Cornulier-Lucinière	1	pl. Rigault de Genouilly	rue d'Espagne
Dixmude	2	bd Galliéni	rue Colonel Grimaud
Do-huu-Vi	1	» Charner	» Mac-Mahon
Domenjod	3	» Albert 1er	
Doudard de Lagrée	1	pl. Rigault de Genouilly	» d'Ormay
Douaumont (de)	2	bd Lord Kitchener	» Huynh-quang-Tien
Duranton	2	rue Verdun	» d'Arras
Eparges (des)	3	» Colombier	Arroyo de l'Avalanche
Espagne (d')	1-2	» Rousseau	rue Chemin des Dames
Eugène-Cuniac (pl.)	2	Marché Central	
Eyriaud des Vergnes	3	rue Testard	rue Mayer
Farinolle	2	rue Lagrandière	rue Taberd
Faucault (de)	3	bd Albert 1er	bd Paul Bert
Filippini	2	» Bonnard	rue Taberd
Fonck	2	rue Jean Eudel	» Heurteaux
Francis-Garnier (pl.)	1	pl. du Théâtre	bd Bonnard
Frères Guillerault (des)	2	rue Frères Louis	rue Chasseloup-Laubat
Frères Louis (des)	2	» Lagrandière (fin)	» de Nancy
Frostin	3	» Paul Blanchy	bd Paul Bert
Gallimard	3	rue Maréchal Foch	rue Martin des Pallières
Galliéni (boulevard)	2	pl. Eugène-Cuniac	vers Cholon
Garcerie	3	» Maréchal Joffre	rue Mayer
» (ruelle)	3	rue Garcerie	impasse
» (passage)	3		

NOMS DES RUES	Nº Ar.	COMMENCE	FINIT
Général Leman	2	rue Nguyen-tan-Nghiem	rue d'Arras
Général Lizé	3	" Verdun	vers Cholon
Georges-Guynemer	1	qu. de Belgique	rue Ohier
Grand Couronné (du)	2	" "	bd Galliéni
Guillaume-Martin	2	qu. de la Marne	rue Ch. de Cappe
Gustave-Vinson	2	bd Lord Kitchener	» Boresse
Hamelin	2	rue d'Alsace-Lorraine	bd Lord-Kitchener
Héraud	3	bd Paul-Bert	Arroyo de l'Avalanche
Heurteaux	2	qu. de la Marne	rue Ch. de Cappe
Huynh-quang-Tien	2	» de Belgique	bd Galliéni
Jardins (des)	3	rue des Eparges	rue Verdun
Jauréguiberry	3	» Mac-Mahon	» Verdun
Jean-Caylar	2	qu. de l'Yser	» Jean-Eudel
Jean-Duclos	3	rue Héraud	
Jean-Eudel	2	qu. de la Marne	Canal de Dérivation
Kerlan	1	rue Lucien-Mossard	bd Norodom
Lacant	2	rue Pierre-Flandin	rue de Verdun
Lacote	2	" Colonel Boudonnet	» Duranton
La Fayette	2	qu. de l'Yser	» Jean-Eudel
Lafont	1	rue d'Espagne	» Lucien-Mossard
Lagrandière	1-2	bd Luro	» Verdun
Lanessan	2	qu. de la Marne	Canal de Dérivation
Lanzarotte	3	rue d'Arfeuille	rue de Champagne
Larclauze	3	» de Massiges	pl. Maréchal Joffre
Lareynière	3	" Chasseloup-Laubat	Arroyo de l'Avalanche
Lefèbvre	2	» Georges-Guynemer	bd Lord-Kitchener
Legrand de la Liraye	3	» Rousseau	rue Verdun
» (passage)	3	» Legrand de la Liraye	» Mayer
Le Myre de Vilers	1	pl. Rigault de Genouilly	qu. de Belgique
Léon-Combes	2	rue Verdun	rue Frères Guillerault
Lê-van-Duyêt	3	» Vassoigne	» Frostin.
Lesèble	3	» Mayer	» de Faucault
Lord Kitchener	2	qu. de Belgique	» Colonel Grimaud
Louis-Cazeau	3	rue Legrand de la Liraye	» Jauréguiberry
Louvain (de)	2	qu. de Belgique	bd Galliéni
Lucien-Lacouture	2	rue Frères Louis	rue Duranton

NOMS DES RUES	Nº Ar.	COMMENCE	FINIT
Lucien-Mossard	1	rue Rousseau	pl. Pigneau de Béhaine
Luro (boulevard)	1	qu. de l'Argonne	bd Norodom.
Mac-Mahon	1-2-3	qu. de Belgique	Arroyo de l'Avalanche
Marcel-Parent	2	rue Boresse	bd Lord Kitchener
Marc-Pourpe	1	» Blancsubé	rue Paul Blanchy
Marcel-Richard	3	» Massiges	Arroyo de l'Avalanche
Marchaise	2	qu. de Belgique	bd Galliéni
Maréchal Foch	3	Arroyo de l'Avalanche	» Albert 1er
Maréchal Joffre (pl.)	3	rue Blancsubé	rue Garcerie
Marne (quai de la)	2	» Jean-Eudel	longe l'Arroyo Chinois
Martin des Pallières	3	Arroyo de l'Avalanche	bd Albert 1er
Massiges (de)	1-3	rue Lucien Mossard	rue Legrand de la Liraye
Mayer	3	bd Albert 1er	» Verdun
Miche	3	rue Chasseloup-Laubat	» Legrand de la Liraye
Miss Cawell	2	» Taberd	» Chasseloup-Laubat
Monceaux	3	» d'Arfeuille	» Champagne
» (ruelle)	3	» Monceaux	» Paul-Blanchy
Monlaü	1	» Mac-Mahon	pl. Eugène-Cuniac
Mousquet (de)	2	qu. de l'Yser	rue Jean-Eudel
Nancy (de)	2	bd Galliéni	rue Chasseloup-Laubat
Nguyên-tan-Nghiêm	2	qu. de Belgique	» Frères Louis
Noël	3	bd Albert 1er	» Gallimard
Norodom (boulevard)	1	rue Rousseau	» Mac-Mahon
Ohier	1	bd Charner	rue Pellerin
Ormay (d')	1	rue Paul-Blanchy	bd Charner
Palanca	1	rue Lafont	rue Rousseau
Pasteur	1	qu. de l'Argonne	rue Lagrandière
Paul-Bert (boulevard)	3	pl. Maréchal Foch	» Paul-Blanchy
Paul-Blanchy	1-3	» Rigault de Genouilly	Arroyo de l'Avalanche
Pellerin	1-3	qu. de Belgique	» »
Phu-Thanh	3	rue Chasseloup-Laubat	rue Général Lizé
Phu-Kiet	1	bd Charner	bd de la Somme
Pierre	3	rue Richaud	rue Martin des Pallières
Pierre-Flandin	3	» Chasseloup-Laubat	» Champagne
Pigneau de Béhaine (pl.)	1	» Catinat	bd Norodom
Primauguet (avenue)	1	qu. de l'Argonne	(Avenue privée)

NOMS DES RUES	Nº Ar.	COMMENCE	FINIT
Reims (de)	2	rue d'Ayot........	rue d'Alsace-Lorraine
René-Vigerie	3	» Richaud............	» Legrand de la Liraye
Richaud..............	3	Arroyo de la Valanche...	» Verdun
Rigault de Genouilly (pl.).	1	qu. Le Myre de Vilers...	qu. de l'Argonne
Roger-Massoulard.......	2	rue Frères Louis	rue Chasseloup-Laubat
Roland-Garros..........	2	» d'Espagne..........	» Taberd
Rousseau..............	1-2	» »	Arroyo de l'Avalanche
Rudyard-Kipling........	1	» Pasteur	pl. du Théâtre
Rue Nº 7.............	3	rue Legrand de la Liraye.	rue Nº 29
» » 8.............	3	»	» »
» » 29.............	3	» Nº 8.............	bd Albert 1er
Ruelle Nº 39..........	3	» Paul-Blanchy........	rue Barbier
Route nouvelle Nº 52....	3	» Chasseloup-Laubat ...	» Général Lizé
Sabourain	2	rue Filippini............	rue Viénot
Schrœder	2	pl. Eugène-Cuniac.......	» d'Espagne
Sohier................	3	rue Paul-Blanchy........	» Massiges
Somme (Bd. de la)......	1-2	qu. Le Myre de Vilers...	pl. Eugène-Cuniac
Taberd	1-2	pl. Pigneau de Béhaine ..	rue Verdun
Testard..............	3	pl. Maréchal Joffre......	» »
Théâtre (pl. du)	1	rue Catinat............	» Paul Blanchy
Thévenet.............	3	» Mac-Mahon	» Verdun
Thomson.............	3	» Legrand de la Liraye.	» Mayer
Truong-minh-Ky........	3	» Lareynière	» Pierre-Flandin
Turc	1	pl. Rigault de Genouilly..	» Catinat
Vannier	1	pl. Rigault de Genouilly..	rue Georges-Guynemer
Vassoigne	3	rue Paul Blanchy........	bd Paul-Bert
Verdun	2-3	» Colonel Boudonnet...	Canal de Ceinture
Victor-Olivier	2	rue Jean-Eudel	» Vincensini
Viénot................	2	pl. Eugène-Cuniac	» d'Espagne
Vincensini............	2	rue Victor-Olivier.......	» Guillaume-Martin
Ypres (d')............	1	rue Colonel Boudonnet...	rue Frères Louis
Yser (qu. de l')........	1	Port de Commerce......	Canal de Dérivation

LES QUARTIERS

Saigon comprend un certain nombre de quartiers ainsi désignés :

CAUONGLANH. — 2ᵉ arrondissement, entre le quai de Belgique et le boulevard Galliéni et les rues d'Alsace-Lorraine et Huynh-quang-Tiên.

CAUKHO. — 2ᵉ arrondissement, entre les rues Nguyen-tan-Nghiem et Cholon, en bordure de l'arroyo Chinois.

CHI-HOA. — 3ᵉ arrondissement, à droite et à gauche de la rue Verdun prolongée, depuis l'ancien Champ de Courses jusque et au delà de la route du Tour d'Inspection ;

CHODUI. — 2ᵉ arrondissement, entre les rues de Verdun, Nancy, Chasseloup-Laubat et le boulevard Galliéni.

DAKAO. — 3ᵉ arrondissement, entre les rues de Massiges, Richaud et l'arroyo de l'Avalanche (pont de Dakao vers Giadinh);

KHANH-HOI. — 2ᵉ arrondissement, entre les quais de la Marne et de l'Yser (port de Commerce);

PHU-MY. — A la limite du 1ᵉʳ arrondissement, après le Jardin Botanique (pont de Phu-my sur l'Avalanche);

PHU-NHUAN. — A la limite du 3ᵉ arrondissement, autour de la rue Paul Blanchy prolongée (pont de Phu-Nhuan, vers Govap) et de la route du Tour d'Inspection ;

TANDINH. — 3ᵉ arrondissement comprenant les environs de la rue Paul Blanchy, depuis la rue Legrand de la Liraye jusqu'à l'arroyo de l'Avalanche ;

VINH-HOI. — 2ᵉ arrondissement, dans le prolongement du quai de la Marne, entre la rue Lanessan et le Canal de Dérivation;

XOM-CHIEU. — Après Khanh-Hoi, entre le quai de l'Yser et le Canal de Dérivation (pont vers le Nhabè).

RENSEIGNEMENTS PRATIQUES

MOYENS DE TRANSPORT

POUR CIRCULER A SAIGON. — Des divers véhicules qui se présentent au choix, le plus usité est le **pousse-pousse**, qu'on est à peu près certain de rencontrer partout et à tout instant. Tarif : 10 cents la course moyenne de 10 à 15 minutes, 15 à 20 cents pour des parcours de plus longue durée, 30 cents l'heure (arrêts compris). Les coolies tireurs ne s'exprimant qu'en langue indigène, nous croyons utile, pour les touristes ou voyageurs de passage non avertis, d'indiquer la manière de les utiliser. Pour héler un pousse-pousse, appeler : *keo !* ou simplement lever le bras dans sa direction. Inutile d'indiquer au coolie, qui ne comprendrait pas, le lieu où l'on désire se rendre. Ordonner seulement, durant le parcours et selon les rues qu'il convient d'emprunter : *gauche* ou *droite* et, pour stopper : *tôi*.

Pour une circulation plus rapide, et pour des promenades aux environs, on utilise de préférence l'**automobile de location**, que l'on trouve en stationnement dans les artères centrales, notamment boulevard Bonnard et boulevard de la Somme. Débattre le prix de location, au trajet ou à l'heure, selon le genre de voiture et les exigences des loueurs. Tarif moyen : 3 $ la première heure, 2 $ les heures suivantes. Forfait pour la journée 12 à 15 $ en ville ou banlieue, et de 20 à 25 $ pour long parcours.

On trouve, notamment autour des halles et marchés, de petites **voitures à chevaux,** dites *voitures malabares* d'un prix de location minime, pouvant transporter jusqu'à 4 ou 5 personnes. Ces voitures, ainsi que celles, fort inconfortables, désignées sous le vocable péjoratif de *boîtes d'allumettes,* sont surtout utilisées par les indigènes.

On peut se déplacer en **tramway** dans les directions suivantes : vers *Cholon*, par le boulevard Galliéni (départ boulevard de la Somme, arrêts : place Cuniac, rues de Louvain, Nancy, etc.) ; vers *Cholon* encore, par le quai de Belgique et l'arroyo Chinois (ligne Cholon-Govap) ; arrêts à Saigon : Tandinh, Larclauze, Taberd, Théâtre, place Cuniac, etc) ; vers *Govap* (mêmes arrêts à Saigon).

D'autre part, un important réseau de lignes d'**autobus** desservant différentes banlieues permet de sillonner Saigon en tous sens. Ce moyen de transport, économique et pratique grâce à la fréquence des départs et la rapidité de circulation, est également fort apprécié des indigènes. Ces autobus, stationnant aux Halles centrales (point de départ), effectuent les parcours suivants (1) :

Ligne N° 1. *Marché de Saigon* à *Binhdong (Cholon)*, par les rues Lagrandière, Frères-Louis, avenue Maréchal-Joffre, etc. — Départ toutes les 15 minutes. Tarif : de 0 $ 04 par section à 0 $ 12 trajet total.

Ligne N° 2. *Marché de Saigon* au *Canal de Dérivation*, par le boulevard de la Somme, les rues Guynemer et Jean Eudel. Départ toutes les 30 minutes. Tarif : de 0 $ 02 par section à 0 $ 14 trajet total.

Ligne N° 3. *Marché de Saigon* au *2e pont de l'Avalanche* et *Govap*, par les rues d'Espagne, Pellerin, Taberd, Cathédrale, bd Norodom, rues de Massiges, Marcel Richard, boulevard Albert 1er, Giadinh, etc. Départ toutes les 15 minutes. Tarif : de 0 $ 03 par section à 0 $ 12 trajet total.

Ligne N° 4. *Marché de Saigon* à *Tandinh*, par les rues Roland Garros, Edith Cawell, Lareynière, Mayer, boulevard Paul Bert. Départ toutes les 15 minutes. Tarif : de 0 $ 02 par section à 0 $ 10 trajet total.

Ligne N° 5. *Marché de Saigon* au *Marché de Cholon*, par les rues de Verdun, Général Lizé, avenue Le Myre de Vilers, boulevard Armand-Rousseau, etc. Départ toutes les 20 minutes. Tarif : de 0 $ 04 par section à 0 $ 12 trajet total.

Ligne N° 6. *Marché de Saigon* à *Phumy*, par les rues Dô-huu-Vi, Guynemer, Vannier, boulevard Charner, les quais, boulevard Luro, rues

------

(1) Consulter le plan de Saigon annexé au présent Guide.

d'Espagne, Rousseau, Chasseloup-Laubat et 1ᵉʳ pont de l'Avalanche. Départ toutes les 30 minutes. Tarif : de 0 $ 03 à 0 $ 06 (terminus).

Ligne Nᵒ 7. *Marché de Saigon* au *Bac de Longkiên (Canal de dérivation)*, par les rues Bourdais, Lefebvre, boulevard Kitchener, quai de la Marne, rue de Lanessan, Canal de Dérivation. Départ toutes les heures. Tarif : de 0$02 à 0 $ 07 terminus.

Ligne Nᵒ 8. *Marché de Saigon* à *Chi-Hoa (T. S. F.)*, par la rue de Verdun. Départ toutes les 30 minutes. Tarif : de 0$04 par section à 0$10 terminus.

⋆
⋆ ⋆

POUR VOYAGER EN PROVINCE. — On peut se rendre en différents points de la Cochinchine et des pays limitrophes en utilisant, selon le cas, *l'automobile de location*, *l'autocar*, la *chaloupe*, ou le *chemin de fer*.

Pour un déplacement rapide et confortable, mais aussi plus onéreux, nous conseillons l'**automobile de location**, que l'on peut trouver dans presque tous les garages de la ville, ou chez des loueurs particuliers (v. liste d'adresses), ou encore en stationnement boulevard Bonnard. Traiter au préalable d'un prix forfaitaire de location.

Des **autocars**, stationnant autour des Halles Centrales, effectuent les trajets ci-après :

Parcours de grande banlieue (30 km. maximum).

Direction Bienhoa, par Giadinh et Thuduc. Départ tous les matins vers 7 h. Tarif : 0 $ 20.

Direction Dian, par Giadinh et Thuduc. Trois départs quotidiens à 7 h., à 11 h., à 15 h. Tarif : 0 $ 15.

Direction Hocmon, par Giadinh, Govap, etc... Cinq départs quotidiens, à partir de 8 h. Tarif : 0 $ 20.

Direction Thuduc. Départ toutes les heures. Tarif : 0 $ 10.

Direction Thudaumot, par Giadinh, Laithieu. Départ toutes les 2 h., à partir de 4 h. 30. Tarif : 0 $ 30.

Parcours à longue distance.

Direction Baclieu, par Vinhlong, Cantho, Nga-Bay, Soctrang. Deux départs chaque jour, à 4 h. et à 7 h. du matin. Tarif : Vinhlong 1 $; Cantho 1 $ 50 ; Nga-Bay et Soctrang 2 $; Baclieu 3 $.

Direction Baria, par Thuduc, Bienhoa, Longthanh. Deux départs chaque jour, vers 6 h. et 13 h. Tarif : 0 $ 80.

Direction Bentre, par Mytho. Deux départs chaque jour, à 5 h. et à 13 h. Tarif : Mytho 0 $ 40 ; Bentre 0 $ 80.

Direction Cai-Be, par Caylay, Mytho. Départ tous les matins vers 6 h. Tarif : Caylay 0 $ 40 ; Mytho 0 $ 50 ; Cai-Be 1 $ 20.

Direction Camau, par Vinhlong, Cantho, Nha-Bay, Soctrang, Baclieu. Départ tous les matins vers 4 h. Tarif : 2 $ 50 pour Camau.

Direction Cantho, par Vinhlong. Deux départs chaque jour, à 6 h. et à 8 h. Tarif : Vinhlong 1 $; Cantho 1 $ 50.

Direction Cap-St.-Jacques, par Thuduc, Bienhoa, Longthanh, Baria. Départ tous les jours à 6 h. et à 13 h. Tarif : 0 $ 80.

Direction Chaudoc, par Sadec, Longxuyen. Deux départs chaque jour, à 4 h. et à 11 h. Tarif : Sadec 1 $; Longxuyen 1 $ 50 ; Chaudoc 2 $.

Direction Cho-Giong. Départ tous les jours, à midi. Tarif : 0 $ 60.

Direction Gocong. Deux départs chaque jour, à 6 h. et à midi. Tarif : 1 $.

Direction Rachgia, par Sadec, Longxuyen. Départ tous les jours vers 6 h. Tarif : Sadec 1 $; Longxuyen 1 $ 50 ; Rachgia 2 $.

Direction Tayninh, par Trangbang. Quatre départs par jour, à 5 h., à 7 h., à 10 h. et à midi. Tarif : 1 $.

Direction Traon, par Vinhlong. Départ tous les jours vers 7 h. Tarif : Vinhlong 1 $; Traon 1 $ 50.

Vers l'Annam.

Direction Phanthiet, par Bienhoa, Trang Bom, Xuanloc, etc... Départ tous les jours à 7 h. Tarif : 1 $.

Nota.— Les prix indiqués sont facultatifs et soumis aux fluctuations de la concurrence. En général les autocars ci-dessus se chargent également du transport de tous colis à forfait (environ 0 $ 50 à 1 $ par colis de 10 à 20 kgs).

Principaux centres touristiques du Cambodge

desservis par les autocars postaux de la S. I. T.

───────•11•───────

SAIGON - PNOMPENH et retour

240 km. — Prix du billet simple : 9 $60

Départs quotidiens (1)

Saigon.............	dép.	5.00
Pnompenh..........	arr.	11.30
Pnompenh..........	dép.	5.00
Saigon............	arr.	11.30

(1) Place Pigneau de Béhaine.

PNOMPENH - ANGKOR et retour

321 km. — Prix du billet simple : 12 $80

Les Dimanche et Jeudi :

Pnompenh..........	dép.	6.00
Angkor............	arr.	16.09

Les Mardi et Vendredi :

Angkor............	dép.	6.30
Pnompenh..........	arr.	16.39

ANGKOR - ARANYA et retour

170 km. – Prix du billet simple : 6 $80

Les Mardi et Samedi :

Angkor............	dép.		4.15
Poipet............	»		8.30
Aranya...........	arr.	(1)	8.40
Aranya...........	dép.	(2)	15.30
Poipet...........	»		16.00
Angkor...........	arr.		20.00

Correspondance avec les trains :
(1) partant pour Bangkok à 9.30.
(2) venant de Bangkok à 15.10.

MONGKOLBOREY - ARANYA et retour

63 km. — Prix du billet simple : 2 $52

Départs quotidiens

Mongkolborey......	dép.	(1)	17.40
Sisophon..........	»		17.55
Poipet............	»		19.40
Aranya	arr.		19.50
Aranya	dép.	(2)	15.20
Poipet............	»		15.40
Sisophon..........	»		17.15
Mongkolborey......	arr.	(3)	17.30

Correspondance avec les trains :
(1) venant de Battambang à 16h.10
(2) venant de Bangkok à 15h.10
(3) partant pour Battambang à 17h.50

PNOMPENH-TAKEO-KAMPOT-KEP et retour

202 km. — Prix du billet simple : Kep : 8$10

Les Jeudi et Dimanche

Pnompenh.........	dép.		5.30
Kampot...........	»	(a)	10.40
Kep.............	arr.	(b)	11.30

Correspondance : a) le Jeudi à Kampot avec l'autocar partant pour le Bokor à 13 h.
b) le Jeudi à Kep, avec l'autocar partant pour Hatiên à 14h.

Les Lundi et Vendredi

Kep.	dép.	13.50	(b)	6.30
Kampot...	»	(a) 14.50	(c)	7.35
Pnompenh.	arr.	19.45		12.25

Correspondance : a) le Lundi à Kampot avec l'autocar venant de Réam à 14h.35.
b) le Vendredi à Kep avec l'autocar venant de Hatiên à 6h.15.
c) le Vendredi à Kampot avec l'autocar venant du Bokor à 7 h.

KEP - HATIEN et retour

48 km. 500. — Prix du billet simple : 1 $ 94

Kep.......	Jeudi	dép.	14.00
Hatiên....	—	arr.	15 15
Hatiên....	Vendredi	dép.	5.00
Kep.......	—	arr. (1)	6.15

(1) Correspondance avec l'autocar partant pour Pnompenh à 6 h. 30.

KAMPOT - REAM et retour

91 km. — Prix du billet simple : 3 $ 64

Kampot...	Dimanche	dép.	13.00
Réam.....	—	arr.	15.35
Réam.....	Lundi	dép. (a)	12.00
Kampot...	—	arr. (b)	14.35

(1) Correspondance : a) avec le service maritime de la Siam Steam Navigation C°. arrivant de Bangkok à 8 h.
b) avec l'autocar partant de Kampot pour Pnompenh à 14 h. 50.

KAMPOT - LE BOKOR et retour

41 km. — Prix du billet simple : 1 $ 64

Kampot...	Jeudi	dép. (1)	13.00
Le Bokor..	—	arr.	15 00
Le Bokor..	Vendredi	dép.	5.00
Kampot...	—	arr. (1)	7.00

Correspondance avec l'autocar :
(1) venant de Pnompenh à 10 h. 15.
(2) partant pour Pnompenh à 7 h. 35.

PAR VOIE FERRÉE

Horaire depuis le 1er Février 1934

PNOMPENH - BATTAMBANG et retour

Prix du billet simple : 7 $ 35 1re cl.

Départs quotidiens

Pnompenh........	dép.	5.40
Pursat..	»	9.28
Battambang........	arr.	12.10
Battambang........	dép.	5.50
Pursat............	»	8.41
Pnompenh...... ...	arr.	12.22

BATTAMBANG - MONGKOLBOREY et retour

Prix du billet simple : 1 $ 50 1re cl.

Départs quotidiens

Battambang.......	dép.		14.10
Mongkolborey.....	arr.	(1)	16.10
Mongkolborey.....	dép.	(2)	17.50
Battambang.......	arr.		19.40

Correspondance avec l'autocar :
(1) partant pour Aranya à 17 h. 50.
(2) venant d'Aranya à 17 h. 30.

On peut aussi, notamment vers l'Ouest et Pnompenh, voyager confortablement par **chaloupe**. Nous indiquons ci-après les lignes desservies par les bateaux de la Cie Saigonnaise de Navigation et de Transport, amarrés quai Le Myre de Vilers d'où s'effectue le départ :

Ligne de Saigon à Pnompenh, par Mytho, Vinhlong, Sadec, Chotu, Tanchau, Banam, etc.,. en suivant le Mékong Départ de Saigon les mardi, jeudi et samedi à 21 h. Arrivée à Pnompenh les jeudi, samedi et lundi à 13 heures.

(**Vapeurs** : *Louis Blanchet, Jules Rueff, Mékong, Battambang*).

Tarif :	Mytho	Vinhlong	Sadec	Chotu	Tanchau	Banam	Pnompenh
1re cl.	6$30	12$50	14$10	19$60	22$10	25$00	27$50
2e cl.	4.20	8.10	10.10	14.10	15.90	19.00	19.50
Pont	0.90	1.00	1.20	2.00	2.00	2.00	2.00

Ligne de Saigon à Dai-Ngai par Chaudoc. Cette ligne traverse la Cochinchine d'est en ouest par le Mékong et d'ouest en sud-est par le Bassac. Départ de Saigon les lundi et vendredi à 21 h. Arrêts à Mytho, Cai-be, Vinhlong, Sadec, Datset, Caï-tau, Culao-Gien, Chotu, Chomoi, Chaudoc, Longxuyen, Bo-Hoop, Laivung, Omon, Cantho, Traon, Caukè. Arrivée à Dai-Ngai les mercredi et dimanche à 18 h. 30.

(*Vapeurs* : *Hainan, Annam, Namky, Kmer*).

Tarif :	Mytho	Vinhlong	Sadec	Chaudoc	Longxuyen	Cantho	Daingai
1re cl.	6$30	12$50	14$10	23$10	24$00	27$00	29$50
2e cl.	4.20	8.10	10.10	16.00	17.10	19.80	21.40
Pont	0.30	1.00	1.20	2.50	2.90	3.50	3.80

Ligne de Saigon à Baria, par Cangio et Cap-St-Jacques. Départ de Saigon pour le Cap-St-Jacques les lundi, mardi, jeudi et vendredi à 8 h. et le samedi à 12 h., avec prolongement sur Baria les mardi et vendredi. Arrivée au Cap-St-Jacques les mêmes jours à 14 h. et le samedi à 18 h.

Retour : Départ du Cap-St-Jacques les mêmes jours à 17 h. 30, le dimanche à 24 h. Arrivée à Saigon les mêmes jours à 24 h. ; le lundi à 6 heures.

Tarif :	Cangio	Cap-St-Jacques	Baria
1re cl.	3$60	4$80	6$00
2e cl.	2.40	3.00	3.90
Pcnt	0.60	1.10	1.50

Ligne directe de Mytho à Longxuyen et Rachgia. Départ de Mytho tous les jours à 8 h. (en correspondance avec le train N° 1 partant de Saigon à 5 h. 09 et arrivant à Mytho à 7 h. 29). Arrivée à Rachgia vers 24 heures.

(**Chaloupes** : *Pélican, Abeille, Guêpe).*

Tarif :	Caibè	Vinhlong	Sadec	Lapvo	Longxuyen	Nui-sap	Phu-hoi	Rachgia
1re cl.	1$60	4$60	5$70	7$00	7$60	9$00	10$50	12$40
2e cl.	1.20	3.50	4.20	5.20	5.70	6.80	7.30	8.00
Pont	0.20	0.50	0.60	0.80	1.00	1.20	1.30	1.40

Ligne directe de Mytho à Travinh, par Bentre et Mocay. Départ de Mytho tous les jours (sauf le vendredi) à 8 h. (correspondance avec le train Saigon-Mytho N° 1). Arrivée à Travinh à 16 h. 30.

(**Chaloupes** : *Flament, Sarcelle).*

Tarif :	Bentre	Mocay	Thom	Travinh
1re cl.	1$20	2$00	3$00	4$00
Pont	0.20	0.30	0.40	0.50

Ligne de Soctrang à Raclieu et de Soctrang à Mac-Bat. En correspondance : à Mac-Bat, avec l'auto-car de Mac-Bat à Travinh ; à Dai-Ngai, avec la chaloupe effectuant, les mercredi et dimanche, le trajet vers Chaudoc.

Départ : de Baclieu les mercredi, jeudi, samedi et dimanche à 6 h. 30 ; de Soctrang, pour Macbat, mêmes jours à 12 h. 30 ; de Soctrang, pour Baclieu, mêmes jours à 21 h. 30 ; de Daingai, pour Macbat, mêmes jours à 15 h. ; pour Baclieu, mêmes jours à 18 h. 30 et de Macbat pour Baclieu, mêmes jours à 17 h. Arrivée à Baclieu les jeudi, vendredi, dimanche et lundi, vers 3 h. 30.

(Chaloupes : *Hirondelle, Cigogne*).

Tarif :	Daingai	Soctrang	Baixau	Co-Co	Viam-Léo	Baclieu
Ire cl.	3$00	4$40	5$10	5$60	6$60	7$20
Pont	0.30	0.50	0.60	0.70	0.80	0.80

La Cie Saigonnaise de Navigation et de Transport assure encore, au départ de Pnompenh, des services réguliers sur Angkor et le Laos. Pour de tels voyages (itinéraires, escales, horaires, tarifs, etc...) se renseigner au préalable aux bureaux de la Compagnie, quai Le Myre de Vilers.

D'autres chaloupes, appartenant à divers armateurs, effectuent les parcours ci-après :

Ligne de Saigon à Travinh, par Bentre et Mocay.

(Chaloupe *N. V. K.*) Propriétaire : **Nguyên-van-Kiêu,** *26, rue A. Courbet, Saigon*

Tarif :	Bentre	Mocay	Travinh
1re cl.	2$00	2$00	2$50
2e cl.	0.60	0.60	0.80

Ligne de Saigon au Cap St-Jacques, par Cangio. Service régulier, départ (quai Le Myre de Vilers) les lundi, mercredi et samedi à 8 heures. Arrivée au Cap à 16 heures.

(Vapeur : *Sainte Anne des Lacs*), Armateur : **Société des Affréteurs Indochinois,** *38-42, rue Lefebvre, Saigon* (Tél. 174).

Tarif: Cangio 0$70, Cap St-Jacques 0$90

Ligne de Saigon à Pnompenh, par Mytho, Vinhlong, Sadec, Datset, Caolanh, Caydau, Chothu, Banam. Départ de Saigon (quai Le Myre de Vilers), tous les mercredi à 18 h. 30.

(Chaloupe : *Long-Ho*). Propriétaire : **Vve Ly-Ouy-Phin,** à Pnompenh

Escales :	Mytho	Vinhlong	Sadec	Datset	Chothu	Banam	Pnompenh
Tarif:	0$50	0$80	1$00	1$20	1$50	1$70	1$70

Ligne de Saigon à Camau, par Cantho, Traon, Phung-Hiêp, Nha-Man. Départ de Saigon, appontement du boulevard Charner, tous les mardi et samedi à 20 h. ; arrivée à Camau le lendemain à 22 h. Départ de Camau tous les lundi et jeudi à 6 h. ; arrivée à Saigon le lendemain à 8 h.

(Chaloupe : *Dong-Thinh*). Tarif : 0$90 pour Camau.

On peut, en outre, voyager en **chemin de fer** (réseau Sud) dans les directions suivantes :

Saigon — Mytho

Saigon..... *dép.*	5.09	8.32	11.49	13.18	15.52	17.43
Cholon........	5.20	8.41	12.00	13.38	16.02	17.53
Phulâm........	5.27	8.48	12.08	13.48	16.10	18.00
Anlac........	5.37	9.00	12.18	14.04	16.20	18.10
Binhdiên.......	5.46	9.11	12.28	14.17	16.30	18.22
Binhchanh......	5.54	9.20	12.36	14.27	16.38	18.30
Goden	6.04	9.30	12.46	14 38	16.48	18.40
Bênluc	6.13	9.41	12.56	14.49	16.57	18.49
Binhanh	6.25	9.55	13.13	15.07	17.09	19.01
Tânan.........	6.41	10.10	13.29	15.26	17.25	19.16
Tânhuong......	6.54	10.23	13.42	15.44	17.38	—
Tânhiêp.......	7.03	10.34	13.51	15.58	17.47	19.35
Luongphu......	7.11	10.41	13.58	16.07	17.55	—
Trungluong.....	7.21	10 51	14.06	16.20	18.04	—
Mytho..... *arr.*	7.29	11.00	14.14	16.30	18.12	19.55

Mytho — Saigon

Mytho.... *dép.*	4.31	6.51	8.49	12.20	13.35	16.36
Trungluong....	4.40	7.00	8.58	—	13.46	16.45
Luongphu.....	4.50	7.12	9.08	—	14.01	16.55
Tânhiêp	4.56	7.18	9.14	12.39	14.09	17.01
Tânhuong....	5.08	7.30	9.25	—	14.25	17.09
Tânan	5.23	7.43	9.38	12.58	14.44	17.26
Binhanh	5.39	7.59	9.56	13.12	15.06	17.42
Bênluc........	5.51	8.13	10.08	13.24	15.22	17.54
Goden	6.05	8.23	10.18	—	15.35	18.04
Binhchanh.....	6.14	8.32	10.27	—	15.46	18.13
Binhdiên......	6.22	8.40	10.35	—	15.56	18.21
Anlac........	6.33	8.51	10.46	—	16.09	18.32
Phulâm.......	6.43	9.01	10.56	14.03	16.24	18.42
Cholon	6.53	9.10	11.05	14.10	16.38	18.49
Saigon.... *arr.*	7.02	9.19	11.14	14.18	16 48	18.58

Saigon — Nhatrang

									(1)
Saigon...... dép.	6. »	8.15	9.30	11.45	13.15	15.45	17.45	19.15	21. »
Govap..........	6.14	8.30	9.55	12. »	13.30	16.12	17.58	19.30	—
Thuduc........	6.28	8.45	10.15	12.15	13.46	16.32	18.11	19.45	21.23
Dian..........	6.42	—	10.36	12.28	—	16.03	18.26	—	21.34
Bienhoa.......	6.57	—	11.15	13. »	—	17.30	18.45	—	21.50
Trangbom......	7.27	—	—	13.43	—	—	—	—	22.18
Anloc.........	7.51	—	—	14.27	—	—	—	—	—
Giaray........	8.37	—	—	15.36	—	—	—	—	23.29
Muongman......	10.40	—	—	18.36	—	—	—	—	1.15
Songlsong.....	13.08	—	—	Arrivée à Phanthiêt à 19 h.15	—	—	—	—	2.58
Tourcham......	15.10	—	—		—	—	—	—	4.25
Nhaba.........	16.39	—	—		—	—	—	—	5.23
Nhatrang.... arr.	18. »	—	—		—	—	—	—	6.15

(1) A lieu les lundi, mercredi et vendredi au départ de Saigon (couchettes, W.-R.)

Nhatrang — Saigon

		(1)							
Nhatrang.... dép.	—	21. »	—	—	Départ de Phanthiêt à 7 h.	—	—	6.30	—
Nhaba.........	—	22.36	—	—		—	—	7.58	—
Tourcham......	—	23.50	—	—		—	—	9.30	—
Songlsong.....	—	1.16	—	—		—	—	11.17	—
Muongman......	—	3. »	—	—	7.27	—	—	14. »	—
Giaray........	—	5. »	—	—	10.05	—	—	16. »	—
Anloc.........	—	—	—	—	11.14	—	—	16.37	—
Trangbom......	—	6.02	—	—	12.13	—	—	17.07	—
Bienhoa.......	—	5.55	6.30	7.15	—	13.15	—	15. »	17.40	—
Dian..........	—	6.13	6.45	7.43	—	13.35	—	15.33	17.57	—
Thuduc........	5. »	6.29	6.55	8.07	10.30	13.47	14.45	15.51	18.12	22. »
Govap.........	5.18	6.42	—	8.37	10.48	14.05	15.03	16.22	18.24	22.18
Saigon...... arr.	5.35	6.55	7.15	8.55	11.05	14.20	15.20	16.40	18.35	22.35

(1) A lieu les dimanche, mercredi et vendredi au départ de Nhatrang (couchettes, W.-R.)

Service direct Saigon - Dalat et vice-versa

Correspondances tri-hebdomadaires de nuit			
Saigon............ dép.	21 h. 00	Dalat........ .... dép.	19 h. 30
Dalat............ arr.	18 h. 45	Saigon............ arr.	7 h. 15

EMBRANCHEMENTS

Aller   **Muongman — Phanthiet**   *Retour*

(1)	(2)	(1)	(2)			(4)	(3)	(3)	(4)	
1.20	3. »	10.45	14.05	18.51	Muongman......	1.05	2.50	7.21	10.23	13.53
—	—	10.59	14.19	19.05	Phu-Hoi........	—	—	7.09	10.10	13.40
1.40	3.20	11.10	14.38	19.15	Phanthiet	0.45	2.30	7. »	10. »	13.30

En correspondance   ( ) Venant de Saigon.   (3) Allant à Saigon.
  avec les trains.   (2) Venant de Nhatrang.   (4) Allant à Nhatrang.

Aller   **Ngaba — Bangoï**   *Retour*

(1)	(2)	(1)	(2)			(4)	(3)	(4)	(3)
5.25	8.03	16.48	22.40	Ngaba.............		5.15	7.42	16.27	22.25
—	8.09	16.54	—	Ngatu...		—	7.37	16.22	—
5.35	8.15	17. »	22.50	Bangoï		5.05	7.30	16.15	22.15

En correspondance   (1) Venant de Saigon·   (3) Allant à Saigon.
  avec les trains.   (2) Venant de Nhatrang   (4) Allant à Nhatrang.

Aller   # Tourcham - Dalat   *Retour*

(1)	(3)		(4)	(2)
4.30	9.25	Tourcham.......	15.»	23.40
5.29	11.07	Krongpha........	13.36	22.42
6.41	12.20	Bellevue ·········	12.22	21.32
7.»	12.39	Dran...........	12.05	21.18
7.35	13.15	Arbre broyé......	11.26	20.38
7.54	13.38	Entrerays	11.13	20.25
—	13.56	Le Bosquet	10.50	—
8.45	14.30	Dalat..........	10.15	19.30

(1) Les mardi, jeudi et samedi en correspondance avec le rapide venant de Saigon.

(3) Tous les jours en correspondance avec le train venant de Nhatrang.

(4) Tous les jours en correspondance avec le train allant à Nhatrang.

(2) Les dimanche, mercredi et vendredi en correspondance avec le rapide allant à Saigon.

Service rapide Saigon - Hanoi

ACCÉLÉRÉ NORMAL				SUR ACCÉLÉRÉ		
						h
Lundi	Vendredi	dép.	21.00	Saigon.....	Mercredi	dép. 21.00
Mardi	Samedi	arr.	6.15	Nhatrang...	Jeudi	arr. 6.15
id.	id.	dép.	6.30	id. ...	id.	dép. 6.30
id.	id.	arr.	13.20	Quinhon....	id.	arr. 12.55
id.	id.	dép.	14.05	id. ...	id.	dép. 13.10
id.	id.	arr.	21.05	Tourane....	id.	arr. 20.00
Mercredi	Dimanche	dép.	11.30	id. ...	id.	dép. 20.15
Jeudi	Lundi	arr.	5.54	Hanoi.....	Vendredi	arr. 13.44

Service rapide Hanoi - Saigon

ACCÉLÉRÉ NORMAL				SUR ACCÉLÉRÉ		
						h
Lundi	Mercredi	dép.	21.30	Hanoi.....	Samedi	dép. 13.45
Mardi	Jeudi	arr.	15.45	Tourane....	Dimanche	arr. 7.00
Mercredi	Vendredi	dép.	5.00	id. ...	id.	dép. 7.15
id.	id.	arr.	12.00	Quinhon ...	id.	arr. 14.05
id.	id.	dép.	13.25	id. ...	id.	dép. 14.20
id.	id.	arr.	20.00	Nhatrang...	id.	arr. 20 45
id.	id.	dép.	21.00	id. ...	id.	dép. 21.00
Jeudi	Samedi	arr.	7.15	Saigon.....	Lundi	arr. 7.15

Renseignements sur les prix de transports par voie ferrée
(Réseaux non concédés)

A. — *Voyageurs*

I. — De Saigon à Hanoi et vice-versa :

1° *Service accéléré* en 58 heures (bi-hebdomadaire). Départ de Saigon les lundi et vendredi, à 21 heures.

Prix (voyage, hôtel, repas compris).......(1)
- *1re cl.* 112 $ 43 trajet simple
- — 184 08 aller et retour
- *2e cl.* 82 37 trajet simple
- — 134 08 aller et retour

2° *Service "sur accéléré"* en 41 heures (hebdomadaire). Départ de Saigon tous les mercredi, à 21 heures.

Prix (voyage, hôtel, repas compris).......(1)
- *1re cl.* 106 $ 72 trajet simple
- — 172 98 aller et retour
- *2e cl.* 76 32 trajet simple
- — 122 98 aller et retour

II. — De Saigon aux principaux centres du Sud et vice-versa :

Gares destinataires	Billets simples				Billets Aller et Retour			
	1re classe	2e classe	3e classe	4e classe	1re classe	2e classe	3e classe	4e classe
Dalat (2)......	18 $ 00	12 $ 00	6 $ 00	2 $ 00	30 $ 00	20 $ 00	10 $ 00	3 $ 50
Nhatrang (3)..	24.54	16.36	8.18	2.50	30.68	22.50	13.09	4.50
Tourcham (3).. (Phanrang)....	19.32	12.88	5.00	1.80	24.15	17.71	9.00	2.50
Phanthiêt.....	11.40	7.60	3.00	1.00	14.25	10.45	5.30	1.48
Biênhoa.......	1.92	1.28	0.50	0.14	2.40	1.76	0.90	0.22
Thuduc.......	0.96	0.64	0.25	0.06	1.20	0.88	0.45	0.11
Tânan........	2.76	1.84	0.72	0.18	3.45	2.53	1.31	0.33
Mytho........	4.20	2.80	1.10	0.30	5.25	3.85	2.00	0.50

(1) Ces prix s'entendent pour la 1re classe : avec couchettes sur les réseaux Nord et Sud.

(2) Prix avec couchette (tarif sp. GV. 5i) pour la 2e cl. : (avec couchettes sur le réseau Sud seulement).

(3) Prix sans couchette.

III. — Voyages à prix réduits

L'attention du public est attirée sur différents tarifs spéciaux en vigueur sur les Réseaux non concédés et permettant aux usagers du Chemin de Fer d'effectuer des voyages à *prix réduits*.

Tarif spécial G. V. No 9.— *Billets collectifs.*— Comportant une réduction de 50 % sur les prix des billets simples (Tarif général) et délivrés au membres de Sociétés de gymnastique, sportives, musicales, littéraires, scientifiques, aux élèves des Facultés et écoles voyageant par groupes de 10 personnes au minimum.

Tarif spécial G. V. No 22. — *Voyageurs d'une même famille accompagnés d'une automobile.* — Réduction à partir du 2ᵉ voyageur, transport à prix réduit de l'automobile,.

Tarif spécial G.V. No 41.— *Billets de famille pour stations balnéaires et d'altitude.*— Délivrés toute l'année aux membres d'une même famille et comportant des réductions variables de 30 à 70 % suivant le nombre de voyageurs.

Tarif spécial G. V. No 42. — *Billets d'excursions pour les familles.* — Délivrés toute l'année au départ de toutes les gares des réseaux Nord et Sud, pour n'importe quel parcours (y compris le parcours en autocar entre Nhatrang et Tourane) et comportant des réductions de prix à partir du 2ᵉ voyageur (25 % pour le 2ᵉ voyageur, 50 % pour les voyageurs suivants). — Arrêts en cours de route en nombre illimité.

Tarif spécial G. V. No 43. — *Billets d'excursions pour les touristes.* — Mêmes particularités que ci-dessus. Toutefois la réduction n'est accordée qu'à partir du 3ᵉ voyageur (50 %).

Tarif spécial G. V. No 44.— *Cartes de demi-tarif.* — Cartes ordinaires et cartes dites d'associés (Administratenrs, Directeurs et Sous-Directeurs d'une même Société) donnant droit à la délivrance de billets à demi-tarif.

Tarif spécial G. V. 601. — *Billets Week-end.* — Valables du vendredi soir au lundi matin, délivrés à destination de Nhatrang et de Dalat au prix de 22 $ en 1ʳᵉ classe et 15 $ en 2ᵉ classe (y compris les couchettes).

Les voyageurs titulaires d'un billet week-end peuvent obtenir du Grand-Hôtel de Dalat (M. Desanti) et du Grand-Hôtel de la Plage à Nhatrang (M. Van Breuseghem) des prix réduits de pension : 7 $ 00 par personne du petit déjeuner du samedi matin au diner du dimanche soir (pension complète). Réductions pour enfants et familles nombreuses.

Pour tous renseignements complémentaires s'adresser aux guichets des gares de Saigon, Cholon, Mytho, Bienhoa, Phanthiet, Tourcham, Dalat et Nhatrang.

B. — *Marchandises*

Tarifs dits "de groupages" permettant d'expédier n'importe quelle marchandise (à l'exception des animaux, des matières dangereuses ou infectes et celles dont la valeur dépasse 300$00 la tonne en petite vitesse et 500$00 la tonne en grande vitesse).

Gares expéditrices	Gares destinataires	Par expédition de 100 kgs au minimum		Par expédition de 1000 kgs au minimum		Par wagon complet de 5 t. au minimum	
		Prix à la tonne		Prix à la tonne		Prix à la tonne	
		G. V.	P. V.	G. V.	P. V.	G. V.	P. V.
Saigon........	Mytho........	1$35	1$20	1$20	1$10	1$10	1$00
id.	Tanan........	1.35	1.00	1.20	0.90	1.10	0.80
id.	Phanthiet	8.90	8.90	8.00	8.00	7.20	7.20
id.	Tourcham......	21.15	15.45	19.05	13.90	16.95	12.30
id.	Nhatrang.......	24.40	12.50	22.25	11.25	20.20	10.00
id.	Dalat........	21.15	16.90	19.05	15.25	16.95	13.55
Phanthiet	Nhatrang.......	14.50	11.60	13.25	10.45	12.00	9.30
id.	Dalat........	15.00	12.70	13.50	11.40	12.00	10.15
Tourcham......	Nhatrang.......	4.40	4.40	3.95	3.95	3.50	3.50
id.	Dalat........	12.00	7.00	10.80	6.30	9.60	5.60

DISTANCES APPROXIMATIVES

de Saigon aux principaux centres indochinois

COCHINCHINE	Km	ANNAM	Km	CAMBODGE	Km
Baclîeu	270	Banmethuot	710	Angkor	560
Baria	100	Dalat (p. Blao)	305	Battambang	540
Bentre	92	Djiring »	225	Bockor	445
Bienhoa	30	Djiring »	225	Kompot	390
Camau	335	Kontum	960	Kep	392
Cantho	160	Nhatrang	445	Kpong-Cham	215
Cap St-Jacques	120	Phanthiet	210	Kpong-Speu	290
Chaudoc	225	Phanthiet	210	Kpong-Thom	405
Gocong	60	Quinhon	680	Kratié	250
Hatien	325	Tourane	965	Mimot	180
Honquan	110	Vinh	1435	Pnompenh	245
Locninh	140	Vinh	1435	Réam	485
Longxuyen	180	Hué	1050	Siemreap	550
Mytho	70			Sisophon	600
Rachgia	285			Snoul	315
Sadec	130			Stung-Treng	400
Soctrang	220	**TONKIN**		Takeo	320
Tanan	45			**LAOS**	
Tayninh	100				
Thudaumot	30	Haiphong	1850	Khone	480
Tavinh	190	Haiphong	1850	Paksé	615
Trian (chutes)	60	Hanoi	1750	Savannakhet	860
Vinhlong	120	Nam-Dinh	1660	Takhet	980

RENSEIGNEMENTS ET TARIFS POSTAUX

Les bureaux des Postes, à Saigon et à Cholon, sont ouverts en semaine de 7 h. à 18 h. et, pour le télégraphe et le téléphone : de 7 h. à 22 h. dimanche et jours fériés compris.

Tarifs d'affranchissement [1]

Lettres et paquets clos

	Ind.	Fr.	Etr.
Pesant jusqu'à 20 gr. $	0.05	0.06	0.15
— de 20 à 50 gr.	0.10	0.10	
— de 50 à 100 gr	0.15	0.15	
par 100 gr. ou fraction de 100 gr. excédant.	0.04	0.04	

Etr. : Par 20 gr. ou fraction de 20 gr. excédant 0.09

Poids maximum : 2 kg. Dimension maxima : 45 c m de chaque côté ; sous forme de rouleau : 75 c/m de long et 10 c. m de diamètre.

Papiers d'affaires

Ind. et *Fr.* : Mêmes taxes, dimensions et poids que pour les lettres, sauf pour les factures et relevés de compte.

Etr. : Par 50 gr. ou fraction de 50 gr. excédant (minimum de perception 0 $ 15) 0.03

Factures et relevés de compte

	Ind.	Fr.	Etr.
Jusqu'à 20 gr.	0.04	0.04	

Cartes postales

	Ind.	Fr.	Etr.
Simples	0.04	0.04	0.09
Avec réponse payée	0.08	0.08	0.18

Cartes postales illustrées

	Ind.	Fr.	Etr.
Ne comportant que la date, la signature et l'adresse de l'expéditeur et une inscription de 5 mots	0.02	0.02	0.03
Avec correspondance	0.04	0.04	0.09

Cartes de visite

	Ind.	Fr.	Etr.
Ne comportant que les indications manuscrites ou imprimées autorisées sur les imprimés	0.02	0.02	
Portant, manuscrits ou imprimés, des souhaits, félicitations, remerciments etc., ou autres formules de politesse exprimées en cinq mots	0.03	0.03	0.03
Portant des indications imprimées ou manuscrites autres que celle ci-dessus	0.05	0.06	0.15

(1) **Abréviations** : *Ind.* = Indochine *ou* Régime intérieur. — *Fr.* = France *ou* Régime Franco-Colonial et intercolonial. — *Etr.* = Etranger *ou* Régime international.

Echantillons

	Ind.	Fr.	Etr.
Jusqu'à 100 gr.	0.04	0.04	
Par 100 gr. ou fraction de 100 gr. excédant.	0.03	0.03	
Etr. — Par 50 gr. ou fraction de 50 gr. excédant.			0.03
Minimum de perception			0.06

Poids maximum : 500 gr.
Dimensions maxima : 30 à 45 c/m de côté.

Journaux et écrits périodiques

	Ind. et Fr.
Jusqu'à 60 gr.	0$004
De 60 à 75 gr.	0 006
De 75 à 100 gr.	0 008
De 100 à 125 gr.	0 010
De 125 à 150 gr	0 012
Par 25 gr. ou fraction de 25 gr. en plus	0 002

(Demi-tarif quand ces objets circulent dans les circonscriptions de publication ou les circonscriptions limitrophes).

Poids maximum : 3 kgs. — Dimensions maxima : 45 c/m sur chaque côté ; sous forme de rouleau : 75 c/m de longueur et 10 c/m de diamètre.

	Etr.
Par 50 gr. ou fraction de 50 gr.	0.03

Poids maximum : 2 kgs.

Imprimés non périodiques

a) Déposés en nombre au moins égal à 1000, triés et enliassés par circonscription et par bureau de distribution :

	Ind. et Fr.
Jusqu'à 20 gr.	0.01

b) Imprimés autres que ceux visés ci-dessus :

	Ind. et Fr.
Jusqu'à 50 gr.	0.02
De 50 à 100 r.	0.03
Par 100 gr. ou fraction de 100 gr. excédant.	0.03

Poids maximum 3 kgs. — Mêmes dimensions maxima que pour les lettres.

	Etr.
Par 50 gr. ou fraction de 50 gr . .	0.03

Mêmes poids et dimensions que pour les journaux et écrits périodiques.

Envois recommandés

Droit fixe de recommandation perçu en sus de la taxe applicable :

Pour les lettres, paquets clos et cartes postales (tous régimes)	0.15
Pour les objets affranchis au tarif réduit *(Ind.* et *Fr.)*	0.10

Lettres, paquets-poste clos
et boîtes de valeur déclarée

Tous régimes

a) Taxe calculée d'après le tarif applicable aux lettres ordinaires ;

b) Droit fixe de recommandation de 0$15

Ind.

c) Droit proportionnel d'assurance 1/2 %

Fr.

c) Droit proportionnel d'assurance de 0$08 pour les premiers 1000 frs. et de 0.05 par 1000 frs. ou fraction excédant.

Etr.

c) Droit proportionnel d'assurance de 0$05 par 300 frs. français.

(Paquets-poste clos avec valeur déclarée non admis).

Dimensions maxima : Lettres et paquets clos, comme les lettres ordinaires ; Boîtes : 0 m 30 × 0.10 × 0.10 ; épaisseur du bois : 8 m/m.

Poids maximum : Lettres et paquets clos, 2 kgs. ; boîtes, illimité (*Etr. :* 1 kg).

Maximum de déclaration : Lettres et boîtes : *Ind. :* 1.000 $; *Fr. :* 20.000 francs. *Etr. :* variable suivant les pays de destination. — Paquets-poste clos ou lettres contenant des documents dépourvus de valeur intrinsèque : *Ind. :* 100 $; *Fr. :* 1.000 frs.

(Lettres, boîtes et paquets-poste doivent être clos suivant certaines prescriptions. Se renseigner à la Poste au préalable).

Avis de réception postal
des objets chargés ou recommandés
Tous régimes :
a) Si l'avis est demandé au moment du dépôt............ 0.15
b) Si l'avis est demandé postérieurement au dépôt........ 0.30

Non affranchissement
et insuffisance d'affranchissement

Les objets non affranchis ou insuffisamment affranchis sont taxés au double de l'affranchissement ou de l'insuffisance d'affranchissement sans que cette taxe puisse être inférieure à 0 $ 01 pour les journaux et périodiques et à 0 $ 04 pour les autres objets.

Valeurs à recouvrer
Ind. et *Fr.* (*Etr.* non admis)
Tout envoi de valeur à recouvrer doit acquitter une taxe d'affranchissement calculée d'après le tarif des lettres et est soumis d'office à un droit fixe de recommandation de 0$10.

Montant maximum : Ind. : bureau principal, 100 $; autres bureaux, 200 $. *Fr. :* 5.000 frs.

Droit d'encaissement : Ind : 0$10 par 20 $ ou fraction de 20 $ jusqu'à 100 $; au delà de 100 $ taxe fixe de 0$70. *Fr. :* taxes proportionnelles au montant (se renseigner à la Poste). Chaque valeur impayée est passible d'un taxe de 0$08 (*Ind.*) et 1 fr. (*Fr.*).

Envois contre remboursement
Ind. et *Fr.* (*Etr.* non admis)
Mêmes conditions d'admission et taxes que les catégories d'objets auxquels ils appartiennent.

Maximum de remboursement : 200 $ (*Ind.*) et 5.000 frs. (*Fr.*).

Distribution par exprès

Taxe supplémentaire fixée à 0$20 par objet.

Distribution poste restante

Surtaxe de 0$01 pour les journaux et périodiques et de 0$04 pour les autres correspondances (acquittée par l'expéditeur ou perçue sur le destinataire).

Indemnités en cas de perte

	Ind.	Fr.
Lettres, paquets-clos et cartes-postales recommandés	5 $	50 frs.
Aut. objets recommandés	2 $	25 frs.

Etr. : 25 $ pour les envois recommandés de toute nature.

Pour les lettres et boîtes avec valeur déclarée, l'indemnité dûe est égale au montant réel de la perte, spoliation ou avarie jusqu'à concurrence du montant de la déclaration et sans pouvoir dépasser le maximum autorisé. Délai de prescription : 1 an.

Envois d'argent

Ind.

Des mandats postaux et télégraphiques peuvent être échangés entre tous les pays de l'Union Indochinoise :

Montant : illimité, sauf pour certains bureaux (se renseigner à la Poste).

Droits à acquitter par l'expéditeur :

1 % jusqu'à 200 $ avec minimum de perception de 0$05 ;

1/2 % pour les sommes au dessus de 200 $ et jusqu'à 1.000 $;

1/4 % pour les sommes au dessus de 1.000 $.

Fr.

Montant : 5.000 frs. maximum.

Droits à acquitter par l'expéditeur : taxes proportionnelles au montant, plus taxe de change (se renseigner à la Poste).

Etr.

Montant et droits à acquitter par l'expéditeur : variables et assujettis à la taxe de change (se renseigner à la Poste).

Se renseigner également à la Poste pour les délais de validité, de prescription, de recevabilité des réclamations et des formalités de remboursement. Tout mandat qui n'a pas été payé au destinataire peut être remboursé à l'expéditeur sur la production du titre et, autant que possible, de la déclaration de versement.

Colis postaux

Des colis postaux jusqu'à 10 kgs. sont acceptés pour toutes destinations, et jusqu'à 20 kgs. pour la France, la Corse, et l'Afrique du Nord.

Les limites de dimensions et de volume, ainsi que les tarifs, sont variables suivant les pays de destination.

Les colis soumis au régime intérieur sont taxés par 3, 5 et 10 kgs. (dimension et volume maxima : 1 m 25 et 55 dmc) et selon la catégorie des bureaux d'origine et de destination (divisés en 5 catégories).

Ex. : Colis de kgs. 3   5   10
Expédié de Saigon à —   —   —
Pnompenh (1re catég.) 0.30 0.40 0.65
Dalat (2e catégorie). 0.40 0.55 0.85

Dépôt. — A lieu exclusivement aux guichets des bureaux de poste. Chaque colis doit être accompagné d'un bulletin d'expédition ; indiquer, au verso du bulletin, la manière dont il doit être disposé de l'envoi en cas de non livraison.

A destination de la France et de l'étranger, les colis doivent être accompagnés d'un déclaration en douane, en un ou plusieurs exemplaires, suivant le pays de destination.

Colis avec valeur déclarée. — Maximum : 200 $ pour les colis indochinois, 10.000 frs. pour les colis à destination de la France, variable pour les colis à destination des colonies françaises, et des pays étrangers qui admettent les envois de l'espèce. Le montant de la déclaration de valeur doit être porté au dessus de l'adresse en toutes lettres et en chiffres arabes sans ratures ni surcharges même approuvées.

Colis contre remboursement. — Maximum : 200 $ dans le régime intérieur ; variable pour les colis à destination des pays qui admettent ces colis spéciaux : France et colonies, Allemagne, Pays-Bas (5000 f.); Belgique, Italie, Japon, Siam et Suisse (1.000 frs.).

Service télégraphique

Télégrammes à destination de :

	par mot
Indochine (minimum de perception : 0 $ 20) . . . . $	0.04
France (par câble)	1.905
— (par T. S. F.)	1.570
— (différés à demi-tarif) . . .	0.785

Se renseigner à la Poste pour les télégrammes spéciaux et le tarif pour toutes destinations.

Service téléphonique

Les taxes urbaines et interurbaines applicables, ainsi que les heures d'ouverture du service figurent à l'annuaire des téléphones, en tête de chaque réseau.

SAIGON

Service ouvert de 7 h. à 22 heures.

Taxe urbaine

Cholon-Giadinh (à partir de la cabine publique)	0 $ 15

Taxes interurbaines

Baria, Bencat, Bentre, Bienhoa, Cap-St.-Jacques, Gocong, Hocmon, Laithieu, Longhai, Longthanh, Mytho, Soairieng, Tanan, Tayninh, Thudaumot, Thuduc, Vinhlong, Xuanlôc . . . . $	0.30
Baixau, Cantho, Longxuyên, Omon, Sadec, Soctrang, Thotnot, Travinh	0.45
Baclieu, Chaudoc, Kompong-Cham, Rachgia	0.60

Camau, Dalat, Kompong-Trach, Pnompenh, Takeo	0.75
Kampot, Kep, Bokor, Skoun	0.90

Les taxes sont appliquées par unité de conversation, soit 3 minutes. Les communications interurbaines sont assujetties au double ou au triple de la taxe, suivant l'heure d'établissement de la communication, sans réduction pour les abonnés.

POSTE AÉRIENNE
Ligne Indochine-France

Départ de Saigon, tous les dimanches. Heure limite de dépôt du courrier : le samedi soir jusqu'à 20 h. pour les objets recommandés et jusqu'à 22 h. pour les correspondances ordinaires.

Tarif Saigon-Marseille

Taxe aérienne en sus de toutes taxes postales ordinaires :

Lettres, cartes postales et paquets clos : par 5 gr. ou fraction	0$30
Autres objets de correspondance : par 25 gr. ou fraction	0$40

(Se renseigner à la Poste ou à Air-France pour toutes autres destinations).

SERVICE ACCÉLÉRÉ
Saigon-Hanoi

Départ de Saigon, les lundi, mercredi, vendredi à 21 heures. Arrivée à Hanoi, les jeudi, samedi, lundi à 5 h. 54.

Les objets de correspondance de toute nature qui empruntent ce service sont passibles d'une surtaxe égale au montant de l'affranchissement d'un objet de même catégorie et de même poids du régime intérieur sans pouvoir être inférieure à 0$05.

GRANDS MAGASINS CHARNER

TÉLÉPHONE 140-543   R. C. SAIGON 257

~~~~~LES MAGASINS~~~~~
les mieux approvisionnés de Saigon

LE CHOIX   •   DES PRIX
le plus étendu   raisonnables

~~~ TOUTES LES FACILITÉS ~~~
du grand magasin de Paris

LES ADRESSES UTILES [1]

SERVICES ADMINISTRATIFS

SERVICES GÉNÉRAUX

Gouvernement Général de l'Indochine.

Palais du Gouverneur Général, 135, rue Mac-Mahon, face boulevard Norodom (10.16). Bureau du Gouverneur Général (2.80), Chef de cabinet (3.29), Secrétaire Général (2.98).

Agence Radiotélégraphique de l'Indochine et du Pacifique.

Bureaux : 136, rue Mac-Mahon (5.18).

Centre Radio-Electrique.

Direction et Bureaux : 3, rue Richaud (5.46), Service du Trafic (1.61). *Station d'émission* à Phu -Tho (2.79).

Contrôle Financier.— 22, rue Kerlan (10.48).

Délégation des Finances.— 166, rue Catinat (1.55).

Douanes et Régies.

Sous-Direction, 21, quai de Belgique (3.61).
Bureaux de la Vérification, quai de Khanh-hoi (4.52).
Ateliers de la Flottille, rive gauche de la Rivière de Saigon (7.76).
Manufacture d'opium, 47, rue Paul-Blanchy (10.26).

---

(1) Les chiffres entre parenthèses, venant après l'adresse, indiquent le numéro téléphonique.

Enregistrement, Domaine et Curatelle.

227, rue Catinat. Inspection (5.08), Hypothèques (5.10), Domaine et Curatelle (5.12), Actes judiciaires (5.09), Mutations (10.13).

Hydraulique Agricole et Navigation.

132, rue Mac-Mahon (10.81).

Lycée Chasseloup-Laubat.

110, rue Chasseloup-Laubat (0.07 et 6.92).

Marine marchande et Inscription maritime.

62-64, rue Lucien-Mossard (2.01 et 8.90).

Postes, Télégraphes et Téléphones.

Bureau central, place Pigneau de Béhaine (16.01). Sous-Direction (4.03), Inspecteurs (4.11 et 4.17), Exploitation (6.25), Contrôleurs Guichets : postaux (11.05), télégraphiques (4.58), Départ et arrivée (5.48), Téléphone (10.39), Receveur (0.50).
Atelier des mécaniciens, à Phumy (11.02).
Magasin Central, à Phumy (11.03).
Colis postaux (départ), 76, rue Lucien-Mossard.
Colis postaux (livraison), 119, rue Paul-Blanchy (4.75).
Recette de Tandinh, 230, rue Paul-Blanchy.
Cabine télégraphique, à Khanh-hoi.

Services Économiques.— Rue Chasseloup-Laubat.

Service Judiciaire.

Palais de Justice, 131, rue Mac-Mahon. Bureaux (10.41), Parquet Général et Greffe Cour d'Appel (10.27), Procureur de la République, Parquet (10.28), Juge d'instruction (0.59), Tribunal mixte de Commerce (7.62 - 10.44), Tribunal civil indigène (1.99).
Justice de Paix, 115, boulevard Charner (10.45).

Service des Mines.— 132, rue Mac-Mahon (10.81).

Service de la Propriété Foncière.— 117, rue Richaud (7.34).

Service Radio-Télégraphique.

Bureaux Réseau Sud et Contrôle du Centre Radio : 3, rue Richaud (8.82).

Annexes : 146 bis, rue Lefebvre (3.84).

Poste d'émission de Chi-Hoa (5.95).

Statistique Générale.— 132, rue Mac-Mahon (10.81).

Trésor Public.— 37, boulevard Charner (3.51 - 8.37 et 10.38).

Travaux Publics.

Inspection et bureaux : angle boulevard Bonnard et rues Pellerin, Do-huu-Vi et Mac-Mahon. Inspection Générale (2.40), Circonscription territoriale de Cochinchine (10.37), Bâtiments civils (0.64), Navigation (1.54), Entretien du port (7.70).

Chemins de fer de l'Indochine (Réseau Sud) : 2, place Cuniac (0.78 et 6.75).

Recette centrale : boulevard Kitchener (9.74).

Gare de Saigon : angle place Cuniac et rue Colonel-Boudonnet.

MARTEL

COGNAC - SODA

Désaltérant par e   l

•

MARTEL

•

UN « CORDON BLEU »
(garanti plus de 35 ans de chai)

Digestif « nec plus

MARTEL

SERVICES LOCAUX

Gouvernement de la Cochinchine.

Palais du Gouverneur : 65, rue Lagrandière. Gouverneur (6.51), Chef de cabinet (2.07 et 10.24).

Bureaux du Gouvernement : 59, rue Lagrandière (2.24 et 10.32).

Inspection des Colonies : 116, rue Richaud (10.34).

Inspection des affaires politiques et administratives : 159, rue Pellerin (3.19).

Inspection du Travail : 59, rue Lagrandière (10.32).

Salle de dépôt du Service local : 46, rue Amiral-Dupré (10.47).

Bibliothèque et Archives : 34, rue Lagrandière.

Cadastre et Topographie.— 86, rue Paul-Blanchy (0.03).

Contributions Directes. — 27, rue Vannier (2.65).

Conservation de la Propriété Foncière.

132, rue Chasseloup-Laubat (4.84).

Garde civile.

Casernement : 105, rue Paul-Blanchy (2.96).

Dépôt central à Giadinh (11.07).

Gendarmerie. — 38, rue Lagrandière (10 15).

Haras. — Sur le Tour d'Inspection, à proximité du Tombeau de l'Evêque d'Adran, Giadinh (3.45).

Identité. — 27, rue Filippini (5.22).

Immigration. — 115, rue Georges Guynemer (10.20).

Institut de Recherches Agronomiques.—88, rue Rousseau (3.21).

Laboratoire de Chimie du Gouvernement.
72, rue Lucien-Mossard (1.76).

Office Public des Habitations Economiques.— 3, rue Domenjod.

Office du Tourisme Indochinois.
Immeuble de la Chambre de Commerce (box N° 16).

Pilotage.
22, quai Le Myre de Vilers et 1, boulevard de la Somme (2.64).

Police et Sûreté.
Direction : 164, rue Catinat (3.20 - 3.52 et 8.76).
Police judiciaire mobile : 15, place du Théâtre (11.97).
Laboratoire d'identité : 27, rue Filippini (5.22).
Commissariat spécial de la Sûreté des ports de Saigon-Cholon : 6, rue Jean Eudel (5.47).

Port de Commerce.
Capitainerie : 22, quai Le Myre de Vilers et 1, boulevard de la Somme (10.29 - 5.62 et 0.99).
Direction, exploitation et travaux : 3, rue Mac-Mahon (0.74).
Collection des taxes : 48, quai de Belgique (4.44).
Annexe à Xom-Chieu (5.73 et 5.74).

Prison. — 69, rue Lagrandière (10.30).

Services Agricoles.
Direction : 8, rue de Massiges (3.35).
Section horticole (6.73) et *Laboratoire de Génétique* (1.64) à Phumy.
Jardin Botanique (10.22).

Service de l'Enseignement.

Direction et bureaux : 35, rue d'Espagne (10.14).
Collège de jeunes filles indigènes : 275, r. Legrand de la Liraye (2.35).
Ecole élémentaire de Dakao : 67, boulevard Albert 1er.
Ecole maternelle : 5, rue Garcerie (10.25).
Ecole normale d'instituteurs : 7, rue Rousseau (3.07).
Ecole pratique d'industrie : 25, rue Chasseloup-Laubat (1.12).
Ecole des jeunes filles de Chodui : boulevard Galliéni (0.89).
Ecole primaire supérieure de garçons : 7, rue Rousseau (6.84).
Ecole primaire Pétrus-Ky : angle boulevard Kitchener et Galliéni.
Ecole primaire supérieure de filles : 159, rue Mac-Mahon (10.12).
Ecole primaire mixte de Caukho : 73, rue Nguyen-tan-Nghiem.
Ecole primaire de garçons : 94, rue Richaud (0.06).
Ecole élémentaire mixte de Tandinh : 371-373, rue Paul-Blanchy.
Lycée Chasseloup-Laubat : 110, rue Chasseloup-Laubat (0.07-6.92).
Lycée Franco-Chinois : 2, route Haute, Choquan (4.71).
Lycée Pétrus-Ky : rue de Nancy (7.58 et 8.65).

Service de la Flottille et du Matériel mécanique (Ecole de Mécaniciens Asiatiques). — 65, rue Do-huu-Vi (2.42).

Service Forestier.

Direction et bureaux : 30, rue de Massiges (10.46).
Poste de Caukho : 241, quai de Belgique (8.33).

Service de Santé.

Direction : 29, rue Lagrandière (5.34).
Hôpital Grall : 14, rue Lagrandière. Médecin-chef (10.17), Commis aux entrées (10.19).
Hôpital de Choquan, quai de Choquan (1.30).
Hôpital Drouhet : 21, boulevard Charles Thomson, Cholon (0.75).
Hôpital indigène : rue de l'Hôpital, Cholon (0.15).
Institut Prophylactique : rue Monlaü (0.81).
Institut de Puériculture : rue Chasseloup-Laubat (6.24).
Pharmacie d'approvisionnement : rue Lucien-Mossard (4.64).

Service de Recherches des Fraudes. — 34, rue Boresse.

Service Vétérinaire et Zootechnique. — 29, rue Richaud (10.31).

SERVICES AUTONOMES

Bureau de bienfaisance. — 59, rue de Massiges.

Caisse centrale de Crédit Agricole Mutuel.
160, rue Pellerin (3.67).

Caisse d'Epargne. — 80, rue d'Espagne, immeuble de la Mairie (7.26).

Institut Pasteur. — 167, rue Pellerin (1.90).

Office Indochinois du Riz. — 1, rue Legrand de la Liraye (6.00).

Office Colonial du Combattant. — 59, rue Lagrandière (2.24).

SERVICES RÉGIONAUX DE SAIGON-CHOLON

Administration.

  Services administratifs, Services financiers, Services d'hygiène et Services techniques : 82, rue d'Espagne, ancienne Mairie (5.98 et 10.43).

Abattoirs.— Boulevard Kitchener (8.10).

Cimetière européen.— Rue Legrand de la Liraye (1.71).

Cimetière indigène.— Rue Mayer.

Dépotoir.— Canal de dérivation.

Dispensaire.— Rue Colombier (0.10).

Fourrière.— 1, rue de Champagne.

Magasins et Ateliers.— 262 - 264, boulevard Galliéni.

Marchés : *Halles centrales,* place Eugène Cuniac.
  Caukho, quai de Belgique et rue Nguyen-tan-Ngiem.
  Cauonglanh, quai de Belgique et rue Boresse.
  Chodui, angle rues Verdun et Testard.
  Dakao, rue Gallimard.
  Tandinh, angle rues Paul-Blanchy et Vassoigne.
  Thai-Binh, angle rues d'Arras et Colonel Grimaud.
  Xom-Chieu, rue Vincensini.

Morgue.— *Cimetière indigène,* rue Mayer.

Police urbaine :

  Commissariat central : place Maréchal-Joffre (0.09).
  Commissariat 1er arrondissement : 1 et 2, quai Le Myre de Vilers.
  »   *2e arrondissement :* 61, rue Boresse.
  »   *3e arrondissement :* 3, place Maréchal Joffre.
  Postes de Police à Caukho, Cauonglanh, Chodui, Khanhhoi, Tandinh, Thanhhoa, Vinhhoi.

Service divers.

> *Bâtiments, Eaux, Electricité, Hygiène, Régie des marchés, Voirie, etc...) :* 82, rue d'Espagne (ancienne Mairie).

Service d'incendie (Caserne des Sapeurs-pompiers).

258, boulevard Galliéni (2.57).

SERVICES MUNICIPAUX

Hôtel de Ville.— 80, rue d'Espagne. Cabinet du Maire **(5.96)**, Secrétariat général et bureaux (5.97).

Polyclinique Municipale.— Boulevard Bonnard (0.85).

Clinique de Tandinh.— Angle rues Frostin et Paul-Blanchy (4.26).

Polyclinique de Xom-Chieu.— Rue Vincensini (8.52).

ARMÉE ET MARINE

ARMÉE DE TERRE

Etat-Major de la Division-Cochinchine-Cambodge : rue Chasseloup-Laubat (0.05 et 11.46). Service de renseignements (4.18).

Etat-Major de l'Infanterie Divisionnaire : 4, boulevard Norodom (0.68).

Bureaux de la place de Saigon-Cholon : 15, rue d'Espagne (10.33).

Caserne du 11ᵉ Régiment d'Infanterie Coloniale : boulevard Norodom (10.18).

Caserne du Régiment de Tirailleurs Annamites : rue Frères Louis (10.36) Camp Testard.

Caserne du 5ᵉ Régiment d'Artillerie : rue de Verdun (10.49) Quartier Virgile.

Compagnie Indigène du Génie : 15, rue d'Espagne.

Compagnie Télégraphistes coloniaux : caserne 11ᵉ Colonial (10.18).

7ᵉ Compagnie d'Ouvriers : 15, rue d'Espagne.

Dépôt de transition : caserne du 11ᵉ Colonial (6.61).

Direction d'Artillerie : quai de l'Argonne (0.02).

Gendarmerie Coloniale : 38, rue Lagrandière (10.15).

Intendance militaire : 21, rue Pasteur. Division Cochinchine-Cambodge ; 1ʳᵉ et 2ᵉ Sous-Intendance (0.08), 3ᵉ Sous-Intendance (0.87).

Justice militaire : 15, rue d'Espagne (1.33).

Pyrotechnie : 6 et 8, rue Rousseau.

Recrutement : 15, rue d'Espagne (10.33).

Section de Recrutement indigène : rue Frères Louis (11.47).

Service de Santé (Direction) : 29, rue Lagrandière (5.34).

MARINE NATIONALE

Etat-Major : 2, rue Cornulier-Lucinière (2.92 et 0.04).

Arsenal : 2, boulevard Luro (0.01). Direction des Constructions Navales (0.01), Direction des Travaux maritimes (5.51).

Caserne Francis Garnier (Dépôt des Equipages) : 5, quai de l'Argonne (3.48).

Direction de l'Intendance maritime : 9, boulevard Luro (2.21).

Direction des mouvements du Port de guerre : 5, quai de l'Argonne (3.48).

Direction du Service de Santé de la Marine : 2, boul. Luro (10.21).

Base Sous-marins : 2, boulevard Luro (0.04).

Croiseur à quai (9.51).

ASSEMBLÉES LOCALES

Chambre d'Agriculture. — Angle r. Massiges et Ch.-Laubat (1.07).

Chambre de Commerce. — Quai de Belgique (4.09 et 4.44).

Conseil Colonial. — 59, rue Lagrandière (Bureaux du Gouvernement).

Conseil Municipal. — 80, rue d'Espagne, Hôtel de Ville (5.96-5.97).

SERVICES ET ÉDIFICES RELIGIEUX

Evêché	180, rue Richaud (4.55).
Presbytère	place Pigneau de Béhaine (2.53).
Procure des Missions étrangères	4, rue Colombert (3.95).
Carmel	boulevard Luro.
Couvent	rue de l'Eglise, Choquan.
Pères rédemptoristes	163, rue Paul Blanchy.
Séminaire	boulevard Luro.
Sainte-Enfance	4, boulevard Luro (4.69).
Sœurs de Saint-Vincent-de-Paul	Giadinh.
Cathédrale de Saigon	place Pigneau de Béhaine.
Eglises de Caukho	rue Nguyen-tan-Nghiem.
Chodui	rue des Frères Guillerault.
Choquan	rue de l'Eglise.
Khanhhoi	quai de la Marne.
Phumy	à Phumy.
Tandinh	289, rue Paul-Blanchy.
Xom-Chieu	rue Jean Eudel.
Eglise Protestante	2, boulevard Norodom (6.68).
Mission Adventiste	rue de Champagne.

CONSULATS

Tél.

Angleterre....... 21, b. Norodom..630
Belgique.... .. 26, r. Lagrandière.864
Danemark.. . .. 4, r. Catinat... 55
Espagne ......213, » ...260
Etats-Unis....... 26, r. Lagrandière.888
Finlande........ 2, r. Ohier 71
Hollande........ 29, q. de Belgique 79
Italie..... 16, q. Le Myre de Vilers..953

Tél.

Japon .... 71, r. Taberd....609
Norvège........23bis, r. Guynemer 792
Portugal........213, r. Catinat...260
Républ. Argentine. 2, r. M.-Mahon.233
Siam........... 4, r. Catinat ... 55
Suède. .... 29, q. de Belgique 79
Suisse .... 29, » » 79

PROFESSIONS LIBÉRALES

Architectes

Glaize Maurice... ⎫ Crédit Foncier
Masson Maurice.. ⎬ de
Vincent René.... ⎭ l'Indochine.

Avocats   T l.

An-A-Pan....... 14bis, r. Taberd..332
Bernard Maurice..180, r. Pellerin...702
Béziat Joseph.... 27, r. Taberd....873
Cancellieri Charles. 22, b. Bonnard ..125
Coulhac (G. de).. 15, r. Taberd ..1170
Couget B........ 95, r. Pellerin...447
Crémazy André... 15, r. Taberd...391
Desgrand H..... 41, b. Bonnard..524
Dubreuilh Ch.... 7, r. Am. Page.301
Duong-van-Giao.. 76. r. Lagrandière.290
Dusson Henri.... 15, r. Taberd...391
Espinet Maurice ..180, r. Pellerin ..702
Ferlande R...... 92, » ..125
Ferrand P....... 14, b. Charner ..163
Fleury A. L..... 27, r. Taberd...873
Frézouls P...... 87, r. M.-Mahon.156
Gallet Ch....... 95, r. Pellerin...447

Tél.

Gallois-Montbrun. 13, r. Taberd...819
Giacobbi François. 13, » ...819
Girard Léon..... 128, r. M.-Mahon.820
Gonon Auguste. 8, r. Taberd...165
Huynh-van-Chinh.138, r. M.-Mahon.969
Jacquemard André 14, b. Charner ..163
Lalung-Bonnaire ..166, r. Pellerin...497
Lambert Léon.... 26, r. Lagrandière.404
Lefebvre Edmond. 5, r. Am. Page..913
Limet P........182, r. Pellerin...863
Loye Jean....... 4, r. Taberd ...483
Millaud Félix.... 26, r. Lagrandière404
Pagès Léon......178, r. Pellerin...947
Paris P......... 87, r. M.-Mahon.156
Pétin Gaston..... 8, r. Taberd ...165
Pinaud Arnold... 14, » 332
Réveil Jean......128, r. M.-Mahon 820
Tavernier Emile ..170, r. Pellerin ...290
Trinh-dinh-Thao.. 9, r. Taberd ...994
Vabois G .... 92, r. Pellerin...125
Viviès Albert .... 4, r. Taberd ...483
Zévaco Mathurin . 6, » 165
Le-van-Kim...... 54, r. Lagrandière.916

Commissaires priseurs

Tél.

Cardi A......... 55, r. d'Espagne 559
Desrioux Yves....   (Salle des Ventes)
Lacouture E.....   »

Dentistes

Anjubault F. H .. 49, r. Ch.-Laubat.389
Blanc Pierre ..... 20, r. Lagrandière.175
Brodeur Maurice..213, r. Catinat....260
Hamon-Corbineau.164, r. Pellerin. ..914
Malzach .... 26, r. Lagrandière.371
Villaruel 120,   »

Bai ....114, b. Charner. 1155
Banh-kim-Bieu ... 169, b. Albert 1er.
Due-Hong....... 9, r. Boresse.
Hong-Lac....... 52, r. G. Guynemer.
Lam-quang-Si.... 72, r. Vannier.
Lam-quang-Si.... 8, r. Jean Eudel.
Michel Hai...... 76, b. Bonnard.
Nhan-van-Nhieu.. 58,   »
Nguyen-van-Kieu .119,   »   898
Paul Thanh......282, r. Paul-Blanchy.
Tran-tinh-Hung ..317,   »
Trieu-Can.......109, p. Maréchal Foch

Docteurs

Bougeant........ 29, r. Taberd ...330
Combe.... ..... 23, r. Thévenet..847
Denier.......... 29, r. Taberd ...330
Laimé ....141, r. P. Blanchy.720
Lasserre........ 5, pl. P. de Béhaine.
Le-quang-Trinh... 2, pl. Mar. Joffre.807
Le Villain...... 6, r. Blancsubé..193
Massari Pierre ... 16, r. Taberd....521
Montel.......... 94, r. P. Blanchy. 66
Motais.......... 7, r. Am. Page.1182

Tél.

Pradal..........115, r. Pellerin...284
Roton .... 76, r. Ch.-Laubat.232
Sollier F. L .....115, r. Pellerin...284
Vielle Albert.....120, r. M.-Mahon.209
Vincens.........173, r. Pellerin. ..928

Bui L...... .... 14. b. Charner...8 67
Cao-si-Tan ...... 20, r. Testard.
Dang-thuc-Lien...288, r. Lagrandière.
Do-van-Tot......119, b. Bonnard..565
Huynh-hue-Ky ...165, r. Bourdais.
Ka-Xiem........ 6, r. F.-Guillerault.
Le-hoc-Tan...... 50, r. Amiral Roze.
Le-van-An ......100, b. Paul Bert.
Nguyen-ngoc-Lien. 11, r. d'Ayot.
Nguyen-v.-Nguyen 81, r. M.-Mahon.704
Nguyen-van-Sang .251, r. P.-Blanchy.
Nguyen-van-Tan..198, r. Ch.-Laubat.
Nguyen-van-Thinh 89, r. Verdun.
Nguyen-van-Tung. 81, r. M.-Mahon.704
Pham-van-Thuan . 63, r. Cl Grimaud 781
Phong.......... 11, r. Frostin.
Tran-nhu-Lan....117, r. d'Espagne.
Tran-tan-Phat.... 12, r. Colombert.
Tran-van-Don.... 37, r. Filippini.
Tran-van-Doc.... 31, r. Taberd....618
Maison de Santé et
   de Convalescence   1, r. Rousseau..252

Experts-comptables

Bloch Albert..... 72, r. Garcerie. 1198
Luong-van-Hau... 7, r. René Héraud.

Géomètres

Arborati ....104, r. P. Blanchy.158
Malandin........192. r. M.-Mahon.635
Morit.......... 22, r. Barbet....683
Nguyen-v.-Minh.. 3, r. Léon Combes.
Thévenet........ 8, r. Lagrandière703

Huissiers

	Tél.
Cazenave........155, r. M.-Mahon.	628
Cocogne........ 47, b. Bonnard..	283
Sicot ....104, r. Pellerin...	504

Masseur diplômé

P. Bruyère...... 6, r. Thévenet..	552

Notaires

Fays........... 97, r. Pellerin...	82
Leservoisier...... 50, r. Lagrandière.	188
Mathieu........122, r. M.-Mahon.	206

Sages-femmes

	Tél.
Thouvenel (Mme). 33, r. Garcerie...	606
Beauregard (Mme) 20, r. Jean-Duclos	

Syndics-liquidateurs

Besnier J........ 46, r. Testard...	405
Faucon C... 201, r. Legr. de la Liraye	377
Lefèbvre L..	id.
Marchesson..	id.

Vétérinaire

Lebon.......... 53, r. Ch.-Laubat	1145

CERCLES, AMICALES ET GROUPEMENTS

Assistance sociale (L')	Mairie de Saigon.
Amicales : Bretonne, Corse, Normande, des Provençaux, Toulousaine	Saigon-Palace.
Amicale Cochinchinoise des Anciens Combattants	23, boulevard Norodom (5.39).
Association des Amis de l'Enfance . . .	rue Frères-Guillerault.
Association Mutuelle des Employés de Commerce et d'Industrie	Ch. de Commerce, box N° 16.
Association Mutuelle des Employés Indigènes de Commerce et d'Industrie.	149, rue d'Espagne (11.13).
Association Mutuelle des Anciens Militaires et Marins.	26, r. Lagrandière (1ᵉʳ étage).
Aéro-Club de Cochinchine	à Tan-son-Nhut.
Automobile-Club de Cochinchine.	46, rue Lagrandière (3.88).
Boule Gauloise (La)	37, rue Chas.-Laubat (10 00).
Cercle Colonial	8, b. Norodom (3.57).
Cercle Militaire	47 » (1.28).
Cercle Sportif	au Jardin de la Ville.
Cercle Sportif Annamite	29, rue Colombier.
Club Nautique	à Phu-My.
Comité d'Assistance aux Chômeurs . . .	Mairie de Saigon.
Croix Rouge (La)	angle r. Ch.-Laubat et Verdun.
Entr'aide Cochinchinoise (L')	Mairie de Saigon.
Entr'aide Maternelle	»
Foyer de la Jeune Fille.	rue Marcel Parent (3.98).
Golf Club	à Phu-Nhuan (r. P.-Blanchy prolongée).

Loge Maçonnique..............	30, rue Taberd.
Le Rite écossais..............	rue Mac-Mahon.
Médaillés Militaires (68ᵉ Section des).	26, r. Lagrandière (1ᵉʳ étage).
Mutuelle des Français d'Indochine (La)	» »
Mutuelle Hindoue (La).........	» »
Mutuelle des Indo-Français Employés de Commerce et Industrie (La)...	» »
Saigonnaise Estudiantina (La)	25, rue Barbier.
Société des Etudes Indochinoises.....	Musée Blanchard de la Brosse.
Société Philharmonique..........	32, rue Taberd.
Société des Courses	46, rue Lagrandière (6.98).
Société de Protection de l'Enfance ...	b. Frédéric Drouhet à Cholon.
Solidarité Française d'Indochine (La).	26, r. Lagrandière (1ᵉʳ étage).
Timbre antituberculeux (Le)......	Mairie de Saigon.
Touring-Club aérien de Cochinchine .	à Tân-son-Nhut.
Union Amicale Indo-Française.... ..	rue Lagrandière.

Fédérations sportives

Aéro-Club de Cochinchine (Aviation)..	à Tân-son-Nhut.
Commission de Boxe (Boxe)........	176, rue Pellerin.
Commission de Rugby de Cochinchine-Cambodge (Rugby).	
Club Nautique Saigonnais (Aviron)..	à Phumy.
Fédération Cochinchinoise de Football association..............	Mairie de Saigon.
Fédération de Tennis....	96, boulevard Bonnard.
F.C.T.P.A. (Tir et Préparation athlétique).................	73, rue Chasseloup-Laubat.
Union vélocipédique de Cochinchine (Cyclisme).................	Mairie de Saigon.

Groupements sportifs

Ass^on Sportive des E^ts J. Comte ..	34, boulevard Norodom.
Auto-Hall Sport	Auto-Hall, b. Charner.
Auto-Sport	24, rue Chemin des Dames.
Banque de l'Indochine Sportive . . .	Banque de l'Indochine.
Commerce-Sport	161, rue Lagrandière.
Eclaireurs Boy-Scouts	angle rues Mayer et Lareynière.
Electro-Sport	57, rue Rousseau.
Etoile de Giadinh	rue Legrand de la Liraye.
Géranchine Sportive	48, rue Mac-Mahon.
Groupement Sportif du 11e R.I.C.	Caserne du 11e Colonial.
Groupement Sportif du 5e R.A.C.	Caserne du 5e R. A. C.
Khanh-Hoi Sport	7, rue Fonck.
La Santé Sportive	Hôpital Grall.
Paul-Bert Sport	206, rue Frères-Louis.
Phu-Nhuân Sport	rue Paul-Blanchy prolongée.
Pinpong Club	49, rue Mac-Mahon.
Saigon Tennis-Club	135, rue Paul-Blanchy.
Saigon-Sport	29, rue Colombier.
Shell-Sport	rue Legrand de la Liraye.
Télépost-Sport	Sous-Direction des P. T. T.
Verdun-Sport	19, rue Duranton.
Victoria Sportive	60, rue des Frères Guillerault.
Union Sportive des anciens enfants de troupe	204 bis, rue Frères-Louis.

SPECTACLES ET ATTRACTIONS

Théâtres

Théâtre Municipal . . . .   place du Théâtre.
Théâtre Annamite de Dakao . . . . .   boulevard Paul-Bert.
Théâtre Annamite Thanh-Xuong.   angle b. Galliéni et r. Cl Grimaud.

Cinémas

Eden-Cinéma . . . .   183, rue Catinat.
Majestic-Cinéma . . . .   quai Le Myre de Vilers.
Casino de Saigon . . . .   angle b. Bonnard et rue Pellerin.
Casino de Dakao . . . .   rue Maréchal Foch.
Modern-Cinéma . . . .   212, rue d'Espagne
Cinéma A-Sam . . . .   boulevard Albert 1er.
Rex . . . .   rue Hamelin.

Dancings

Le Perroquet . . . .   place du Théâtre.
La Pergola . . . .   rue Filippini.
Tabarin . . . .   angle rues Bourdais et Cl Grimaud.
Le Lido . . . .   après Giadinh.
Mikado . . . .   à Thuduc.
La Cascade . . . .   à Thuduc.

Piscines

Cercle Sportif . . . .   Jardin de la Ville.
Le Lido . . . .   après Giadinh.
La Cascade . . . .   à Thuduc.

Terrains de sports

Aviation	à Tân-son-Nhut.
Aviron	Club Nautique, à Phumy.
Boxe	176, rue Pellerin.
Culture physique .	73, rue Chasseloup-Laubat.
Escrime	Cercle Sportif, jardin de la Ville.
Foot-ball	C. I. A., angle rues Mayer et Lareynière.
	Saigon-Sport, angle r. Jauréguibéry et Lareynière.
	Cercle Sportif, rue Miss Cawell.
Golf...........	rue Paul-Blanchy prolongée (vers Govap).
Jeu de boules....	Camp des lettrés, 39, rue Chasseloup-Laubat.
Tennis	Cercle Sportif, rue Miss Cawell.
	Saigon-Tennis-Club, 135, rue Paul-Blanchy.
	Cercle Sportif Annamite, 29, rue Colombier.
Tir...........	F.C.T.P.A., 73, rue Chasseloup-Laubat.

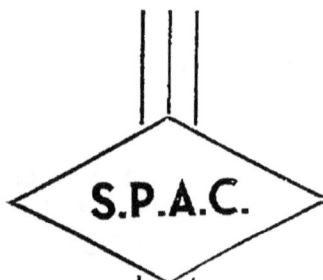

COMMERCE & INDUSTRIE

Accordeurs de pianos

Au Ménestrel... 19 pl. du Théâtre 277
Malaga B...... 40 rue Billard, Giadinh
Mélodia .... 253 r. d'Espagne

Afficheurs

S. P. A. C... 14 b. Charner   713
Indo-Publicité... 8 r. Blancsubé 1152
Multi-Réclame ..   b. Galliéni
Sélect-Publicité..   »
Publicita....... r. Guillaume Martin
Standard....... 95 rue Lagrandière

Agents de fabriques

Agence Commerciale de Saigon
              68 r. Pellerin   843
Comptoirs Indoch. 57 r. Cl Grimaud
Comptoir de Représentations Commerciales
              67 rue d'Ayot   959
Coppin & Cie... 10 b. Charner   1163
Courtial F..... 41 quai de Belgique 858
Didier Fajolle Cie 34 b. Charner   871
Frey Max...... 95 b. de la Somme 1199
Floret H........ 117 bis b. Bonnard   806
Galeries Lafayette 213 r. Cat. (1er ét.) 120
Huchet Camille. 44 rue Pellerin   498
International I.-E. 98 rue d'Ormay   226
Lalande Robert. 24 rue Lagrandière
Lanaud Henri.. 150 r. Frère Louis 1097
Leroux........ 212 r, Mac-Mahon
Martin J....... 76 bis r. Mac-Mahon
Nguyen-tri-Tue . 15 rue Heurteaux
Pachod Frères.. 37 rue d'Espagne 884
Rietmann ...... 76 r. Mac-Mahon 893

Agences de publicité

S. P. A. C... 14 b. Charner   713
Indo-Publicité... 8 rue Blancsubé 1152
Standard....... 95 rue Lagrandière
Sélect-Publicité..   b. Galliéni
Multi-Réclame ..   b. Galliéni
Globe .... rue Cl Grimaud

Alimentation générale
(Importateurs)

Denis Frères.... 4 rue Catinat   55
Guyonnet A....121   »   299
Nouv.-Catinat...165   »   730
Epicerie Franco-
    Italienne 158   »   968
Sté. Marseillaise
    d'Outre-Mer.. 131 b. Charner   71
Moitessier...... 22   »   681
Poinsard-Veyret. 117   »   121
L'U. C. I. A. 123   »   108
Etab. Boy-Landry 17 place Théâtre 173
Entrepôt Vinicole 16 rue P. Blanchy 836
Sté Frigorifiques. 24 rue Lagrandière 631
La Roussillonnaise 151 rue d'Espagne 354
Aliment. Générale 96 r. d'Ormay   226

Ameublement

Foinet......... 156 r. Mac-Mahon 355
L'Atelier 26.... 26 b. Bonnard
Dubois .... 32 r. Rousseau 1080
Ets. V. Lamorte. 2 r. C.-Lucinière 75
Le Bûcheron,... 41 r. Catinat   1125

Phuoc-Loc..... 66 b. Albert 1er
Quan-van-Hoi... 72 rue Amiral-Dupré
Quan-Ut.......102 rue Bourdais
Diep-Ung..... 62 quai de Belgique
Marie Madeleine. 52 rue Catinat
Dang-Kiet...... 45 »
Tran-Lang.....105 rue Chaigneau
Lam-Duong.... 8 rue D. de Lagrée
Hop-sin-Long...276 rue d'Espagne
Ng.-cong-Ho ... 46 rue Frères Louis
Hung-Loi...... 17 rue Jean-Eudel
Do-doan-At.... 59 » 1125
Huynh-Vien.... 53 rue d'Ormay
Ngu-Ha....... 81 »
Ng.-van-Thai... 26 rue Roland Garros
Tan-Loi-Thanh.. 28 rue de Verdun
Ta-Thuong..... 71 »
Tran-ngoc-Bai...191 »

Appareils de T. S. F.

Ets. Cambay.... 63 b. Charner   599
Ets. Vaganay...138 rue Pellerin   680
Michel Robert .. 98 r. d'Espagne 555
Comptoir d'Electr. 76 b   »   1003
Indochine Films &
    Cinémas .....106 b. Charner   797

Armuriers

Poinsard Veyret.121 b. Charner   121
G. M. Charner.135   "   140
Auto-Accessoires. 61 rue Pellerin 554
Caffort........ 123 rue Catinat   281

Artistes peintres

Lemaire........ 41 rue d'Espagne
Pham-van-Thai..137 r. Leg. de la Liraye

Articles de sport

Courtinat & Cie .   rue Catinat   70
Nouv.-Catinat... 165   »   730
G. M. Charner.. 135 b. Charner   140
Ng.-van-Tran... 96 b. Bonnard   178
Kim-Long...... 10 rue Amiral Courbet

Assureurs

American Asiatic
  Underwriters.. 13 rue Lefebvre   677
Asia Life Insu-
  rance........ 11   »   366
Assurance Franco
  Asiatique..... 26 rue Chaigneau 712
Assurance France
  Indochine (L'). 81 rue Richaud 1040
Cairns J....... 63 rue Lefebvre   167
Cie Annamite d'Assurances Automobiles
    56 rue Pellerin   748
Cie d'Assurances Générales
    26 rue Chaigneau 712
C.C.N.E.-O.. 14 b. Charner   91
Cie Le Secours.. 114 b. Charner   244
Cie L'Etoile .... 183 rue P.-Blanchy 676
Denis-Frères.... 4 rue Catinat   55
Diethelm & Cie. 29 quai de Belgique 79
L'U.C.I.A... 123 b. Charner   108
La Providence... 17 place Théâtre 173
L. Ogliastro & Cie. 50 quai Belgique 103
Sté Nouvelle des Rizeries Méridionales,
  15 quai Le Myre de Vilers 953
Société Havraise Indochinoise,
  7 rue Lefebvre   259
Société Indochinoise de Commerce,
  25 r. G. Guynemer 792
Sté W. G. Hale
  & Cie...... 9 rue Lefebvre   57
Sté Commerciale Française de l'Indochine,
  15 q. de Belgique 142
La Séquanaise... 68 b. Charner 1099

Ateliers de constructions métalliques

Compagnie de Constructions Mécaniques,
  31 rue Richaud   998
C. S. N. T.... 5 q. Le M. Vilers 60
Ets Grillet...... 171 b. Galliéni   325
F. A. C, I... 2 q. de la Marne 95
La Métallurgie
  Indochinoise 217 r. Frère Louis   743
Fonderie Tri-Do. 38 rue d'Arras
Nicolle .... 147 r. Mac-Mahon   73

Ateliers de réparations

Auto-Rectification 4 rue Blancsubé 148
Huu-Phuoc..... 60 b. Albert Ier
Ng.-van-Da..... 62   »
Tran-thi-Kinh... 68   »
Ng.-van-Canh... 126   »
Chinh dit Kim-
  Thach...... 79   »
Xuan-Vien..... 111   »
Ng.-van-Man ... 13 rue Amiral Courbet
Sam-Sport...... 15   »
Thanh-Loi...... 25   »
Tan-phat-Loi ... 43 rue d'Arfeuille
Fonderie Tri-Do. 39 rue d'Arras
Vo-van-Cha 98   »
Ng.-van-Lai .... 4 rue de Can-Giuoc
A Dung .... 5 rue Champagne
Vo-van-Thi..... 111 rue Ch.-Laubat
Dong-Thinh.... 226   »
Brun.......... 110 b. Charner   462
Ng.-kim-Loi.... 54 rue Do-huu-Vi
Duong-Van . . 50   »
Pham-the-Kinh.. 17   »   956
Ng.-van-Xin.... 35   »
La-Lai 33   »
Quan-Thuan ... 94b   »
Nghia-Hiep .... 23 r. Doud. de Lagrée

Ateliers de réparations *(suite)*

Vo-Dat........116 rue d'Espagne
Truong-ba-So...130   »
Yen Sport.....152   »
Pierre Truong...198   »
An Fac........264   »
Quang-Trung...125   »
Hong-Quan.....261   »
Le-van-Ha.....204 bis rue Frères-Louis
Ng.-tan-Tai....241   »
Lap-thanh-Than. 62 rue Gallimard
Dong-Nghia....120 r. G. Guynemer
Ng.-tan-Luc....228 rue Jean-Eudel
Ng.-tan-Long...249   »
Le-van-Nen.... 83   »
Nhi-dong-Hung. 40 b. Kitchener
Pham-van-Tha.. 3   »
Duong-Y...... 11   »
Quang-Phuoc...119 rue Lagrandière
Phuoc-Nguyen..325   »
Thang-Xuong...168 r. L. de la Liraye
Dong-Phat.....143   »
Louis Luc.....213 rue Mac-Mahon
Nicolle.......147 r. Mac-Mahon 73
Ng.-van-Hien...124 p. Maréchal Foch
Tran-van-Ngo... 16 quai de la Marne
Dang-thi-Dao... 4 r. Ng.-tan-Nghiem
Tan-phat-Long.. 1 rue Ohier
Thuan-Thang...242 rue Paul-Blanchy
Norton et Lucas.256   »
Van-hung-Thanh.356   »
Truong-thi-Ky ..438   »
Ngo-Hoang....201   »

Duc-Thanh.....277 rue Paul-Blanchy
Quan-hoa-Hung. 70 rue Pellerin
Renovita...... 84   »   652
Quan-Ich....... 94a   »
Ha-van-Loc .... 6 r. Roland-Garros
Quan-Thai..... 19   »
Thanh-Loi..... 21   »
Huynh-van-Vien. 8   »
Hiep-Thinh.... 29   »
Tan-An....... 18 rue Rousseau
Ly-Lang....... 34 rue Vassoigne
Tan-ich-Loi .... 2 rue de Verdun
Nam-tan-Loi....151   »
Thanh-Loi.....165   »
Nam-Hoa......219   »

Automobiles

Astello .... 28 b. de la Somme 1053
  (Fiat - Mathis)
Auto-Hall, angle b. Charner & Bonnard 745
  (Talbot - Unic)
Agence Citroen.. 37 rue d'Espagne
Jean Comte..... 34 b. Norodom   148
  (Peugeot - Hotchkiss)
Garage Charner.113 b. Charner   227
  (Renault)
Garage Indochinois 32 b. Bonnard 516
  (Chevrolet)
S.C.A.M.A.. 41 r. Chaigneau   800
  (Ford)
S. I. T...... r. Mac-Mahon 146
  (Chenard & Walker - Delahaye - Rosengard)

Automobiles

(Fournitures pour)

Comptoir Dakao. 174 b. Albert 1er
Tai-Sanh....... 19 r. Alsace-Lorraine
Thang........ 81   »
Ng.-van-Kieu... 26 Amiral Courbet 960
Tang-quang-Di .. 18-24 r. Am. Roze 442
A. Huyen...... 82 rue d'Ayot
Dich-hg.-Tuong . 142   »
Ng.-van-Hao ... 55   »

Auto-Hall......   b. Bonnard   745
Gar. Indochinois. 23   »   516
Do-cong-To .... 18 rue Boresse
Nhut-qug-Minh . 173 rue Bourdais
Hap-th.-Thanh .. 181   »
Station-Service.. 96 b b. Bonnard

S.C.A.M.A .. 41 r. Chaigneau   800
Garage Charner. 113 b. Charner   227
Brun.......... 110 b. Charner   462
Bergougnan..... 132 r. Ch.-Laubat   490
Garage Fordistes. 142   »   1178
Auto-Central.... 160 r. Col. Boudonnet
Tu-van-Phat.... 19 r. Col. Grimaud
Ng.-van-Manh .. 25   »
Pham-v-. Thanh . 35   »
Thinh-Quang.... 61   »

Duong-ng.-Cuong 44 r. Do-huu-Vi
La-Lai 33   »
Tran-Long 47   »
Union d'Electrique
    d'Indochine... 14 r. D. de Lagrée 356

Vulcan. Moderne. 102 rue d'Espagne
Ets Do-nhu-Lien. 110   »   690
Compt. Industriel. 148   »   461
Auto-Comptoir .. 160   »   746
Auto-Omnia 186   »   1108
Comp. d'Espagne. 250   »

Kiem-Thai ..... 1 b. Galliéni   671
Compt. Saigonnais 19.   »   312
Truong-Hoanh .. 25   »   374

Baradha .... 132 rue Lacotte
Ng.-van-Thiet... 250 rue Lefebvre
S. I. T .... r. Mac-Mahon 146
Auto-Saigonnaise. 53 rue Mayer
Ets Jean Comte . 34 b. Norodom   148
Auto-Accessoires. 61 r. Pellerin   554
Garage Astello.. 28 b. de la Somme
Auto-Saigonnaise. 73   »

Auto-Ecoles

Chu-van-Hai.... 45 r. Col. Grimaud
Trinh-hg.-Ngau . 95 r. Lagrandière

Banques

Banque de l'Indochine, q. de Belgique 262
Banque Franco-Chinoise,
          2 r. G. Guynemer 65
Bank of East-Asia 4   »   310
Chartered Bank of India.
          3 r. G. Guynemer 54
Hongkong Shanghai Banking Corporation,
    11 place Rigault de Genouilly 52
Société Annamite de Crédit,
          52 r. Pellerin   748
Société Financière Française et Coloniale,
          32 b. de la Somme 603

Bars

Ich-Thien ...... 166 b. Albert 1er
Dong-Nghia 89   »
Hang-Huong ... 97   »
Duc-thanh-Hung. 139   »
Nam-th.-Phung.. 17 rue d'Arras
My-Tran 161   »
Raymonde...... 45   »
Gi-Chanh ...... 2 r. d'Alsace-Lorraine
Phong-Thanh ... 82   »
Kim-Son....... 68 bis b. Bonnard

Khoan-Hung.... 54 quai de Belgique
Hue-Sanh......190 »
Canh-Sanh.....192 »
Di-Hoa........275 »
Phuc-Hung.....231 »
Hue-xuong-Hieu. 3 rue Boresse
Truon-Hung.... 27 »
Ky-Xuong .... 49 rue Bourdais
Huynh-binh-Ky .187 »
Bar des Papillons. 72 rue Catinat   626
Bar Catinat..... 95 »   1010
Brass. Gambrinus.126 »
Chuong-t.-Hung. 62 rue Chaigneau
Buv. Chaigneau.124 »
Auto-Bar ...... 16 b. Charner
Duc-thanh-Hung.320 rue Ch.-Laubat
Viên-Hung.....164 rue Col. Boudonnet
Dong-Hung ... 65 rue Col. Grimaud
Lien-Hiep...... 1 rue Dixmude
My-An........ 27 rue Do-huu-Vi
Au Zanzi...... 76 rue d'Espagne
Kiên-Ky.......196 »
Tu-Huê.......228 »
Nam-Thanh ....246 »
Diên-an-Loi ....179 »
Hôi-van-Viên...185 »
Duc-thanh-Hung.223 »
Ngoc-tuyen-Cu..233 »
Tan-Hung......239 »
Quan-nam-Mau..263 »
Bar des Navigateurs 14 rue Fonck
Café Messageries 1 »
Hai-Xiên...... 45 »
Vi-cong-Quan... 80 r. Frères Guillerault
Chieu-anh-Quan .163 rue Frères-Louis
Dong-Lac......235 »
Em Hon........243 »
Tuân-Thanh.... 8 b. Galliéni
Dong-Chau.... 23 r. G. Guynemer
Dong-Hai...... 73 »
Siêu-hai-Hap Ky. 75 »

Kin-Han....... 85 r. G. Guynemer
My-Tuyen .....101 »
Hê-minh-Hung.. 77 rue Hamelin
Oriental Bar.... 12 rue Jean Eudel
Chez Yokohama. 11 »
Lac-tan-Tho.... 13 »
Van-Sanh...... 2 »
Café des Amis .. 12 »
Bar Havrais .... 14 »
Tan-Kiên......198 »
Tran-thi-Quân...202 »
Kiêm-Thanh....280 »
Tran-tich-Hung .186 »
Kha-Viên......230 »
Au rendez-vous
  des Amis....238 »
Loi-van-Cu.....434 »
Hong-Hung .... 63 »
Minh-Hai...... 20 b. Kitchener
Duyêt-Hung.... 42 »
Nam-phat-Hieu.. 61 rue Lacotte
Hiep - Tuong dit
  Luong-Ke...114 rue Lagrandière
An-Ky........286 »
Hung-Hung....290 »
Cam-Ky ...... 73 rue Marchaise
Phuoc-hoc-Loi ..120 pl. Maréchal Foch
Huynh-Hieu....126 »
Hiep-Xuong....128 bis »
Gian-Ngan .....137 »
H.-tam-Phuong..108 quai de la Marne
Kinh-Ky....... 12 »
Tay-Loi....... 14 »
Lê-thi-My...... 15 »
Van-hiep-Loi ... 23 »
Huynh-xuan-Phat 38 »
Do-thi-Hat..... 52 rue de Massiges
Xien-cong-Mao.. 56 »
Hoa-Ich .... 49 rue Mayer
Hung-ph.-Hung. 103 rue Ng-tan-Nghiem

Dong-dong-Sang. 32 rue d'Ormay
Nguon-Ky...... 44 »
My-loi-Cu...... 50 • »
Chuong-Hung... 56 »
Vinh-Chan.....304 rue Paul Blanchy
Nam-thanh-Loi..374 »
Kuon-Ky. ..... 29 »
Vinh-Thanh .... 81 »
Nhon-Hue ..... 85 »
Sanh-Ky....... 91 »
Tran-hiêp-Phat..203 »
Bao-An........267 »
Viêt-Hung ....275 »
Minh-duc-Thanh.311 »
Tân-xuong-Phat .331 »
Tran-hau-Kha ..345 »
Triêu-th.-Hung..387 »
Chg.-thuan-Ky .. 77-79 rue Pellerin
Petite Taverne... 6 pl. Rig. Genouilly
Hoi-lac-Vien.... 18 rue Roland-Garros
Vo-thi-Pham.... 27 »
Musulmas...... 26 rue Sabourain 783
Chau-Ung...... 7 rue Schrœder
Ngo-Sanh...... 17 »
Nguyen-Nguyen . 41 »
Duy-My....... 45 »
Lock-Khuân.... 47 »
Bar de la Somme.127 b. de la Somme 487
Au bon Accueil .149 »
Café de l'Océan .169 »
Bar de la Marine. 11-15 rue Turc
Dông-Chan..... 32 rue Vannier
Loi-Ich....... .. 10 rue Vassoigne
Duc-thanh-Hung. 18 »
Dao-the........ 60 »
An-my-Nam.... 4 rue Viénot
Thai-Ho....... 8 »
Wo loc Cu..... 12 »
Tang-Kiêu ..... 14 »
Dang-Xuong.... 20 »
Thai-Binh...... 52 »

Luong-h.-Thanh. 63 rue Verdun
Ha-cam-Ky.....149 »
Dac-Chi.......161 »

Bazars

Duc-Thang.....148 b. Albert 1er
Tan-Phat ......123 »
Huynh-huu-Cao .145 »
Ng.-van-Trân... 94 b. Bonnard 178
Ng.-van-Hoa ...116 »
Tran-loi-Ky ....120 »
Loi-Phat.......122 »
I. Mohamalady.. 33 rue Catinat
T.M. Aboubakare 79 »
G. Mougamadou. 99 »
H. A. Ibrahim..211 »
Vuong-Can.....126 rue Col. Boudonnet
Tam-ich........128 »
Tran-thanh-Tha .132 »
Chungil & Cie...43 rue Col. Grimaud
N. M. Ibrahim.. 51 rue d'Espagne
Viet-ton-Hieu...195 »
Nam-nhon-Hoa .227 »
Van-vo-Van ....245 »
T. Shiota......142 » 1074
Lê-van-Tai..... 82 rue G. Guynemer
Au Rare Trésor. 79-81 »
Au Meilleur Prix. 15 r. M. des Pallières
Aboubakare .... 79 rue d'Ormay
Ho-huu-Duc.... 42 rue Sabourain
Tan-Huong .... 45 »
Yomanaka...... 59 b. de la Somme
H. Akatsuka ... 67 »
Quan-Hue ..... 40 rue Vannier
Nhi-hinh-Long.. 44 »
Ng.-du-Nhuan.. 48 »
Nhan-hung-Loi.. 78 »
Ng.-van-Chinh.. 86 »
Singapore-Store . 15 »

Bijouteries

Pham-van-Tam.. 119 b. Albert 1er
Duc-Hinh...... 1 rue Am. Courbet
Chau-trac-Sanh.. 17   »
Phuoc-Tuong ... 21   »
Le-van-Dau..... 30 rue d'Arfeuille
François Su..... 68 b. Bonnard   582
Henri Humbert.. 78   »
Hoa-Hung 84   »
Tên-Bô........ 7 r. de Can-Gioc
O. M. Ibrahim & Cie 44 rue Catinat
Vang-Chanh 49   »
Xuan-thai-Lai... 75   »
Sanh-Chéong.... 87   »
Li-Sanh........ 91   »
Tong-Ky....... 97   »
Kong-Chéong....107   »
Sté L. Caffort...121   »   281

Loi-Chéong..... 155 rue Catinat
Chabot 211   »
A.B.M.B. Deen. 48 b. Charner
Vuong-dong-An. 51   »
Tuong-Hung....114 rue Do-huu-Vi
Hang-An ......193 rue d'Espagne
Hiep-hung-Hieu. 197   »
Hoa-Hiep......201   »
Tran-van-Nho... 7 rue Fonck
Huynh-Cuc..... 13   »
Hang-huê-Hiêu.. 50 rue G. Guynemer
Luong-Banh 74   »
Toi-Tay 86   »
Thai-Thanh 39   »
Tin-Nguyen 53   »
Tong-Sinh 63   »
Quan-Long..... 67   »
Hai-Hai....... 6 rue Noël

Ng.-van-Thom .. 13 rue Shrœder
Lê-An......... 23 »
Tin-Hung...... 27 »
Liên-hung-Hiêu . 31 »
Chung-Dai ..... 33 »
Hoa-Thanh..... 35 »
Chau-trac-Sanh.. 37 »
Han-Hoa ...... 40 rue Vannier
Thiên-ng.-Hiêu.. 82 »
Thinh-Long .... 92 »
Joaillerie Moderne 58 »
Hung-Xuong.... 2 rue Viénot

Blanchisseries

Dai-Thinh...... 158 b. Albert 1er
Dong-Ky....... 172 »
Duc-hop-Thanh.. 85 »
Phuc-Hung..... 8 rue d'Ariès
Nguyên-Hau.... 21 rue d'Arras
Duc-Thanh..... 29 »
Xuân-Phong.... 222 »
Hoan-Tan...... 78 rue d'Ayot
Hai-Phat....... 197 »
Ng.-thi-Chanh .. 1 rue Bercerio
Tan-Loi .... 35 rue Boresse
Dông-Loi ...... 116 rue Bourdais
Nam-tan-Hung.. 93 rue Chaigneau
Dê-Phat .... 145 »
Duong-ph.-Tuong. 260 rue Ch.-Laubat
Dong-Hai...... 113 rue d'Espagne
Dang-van-Thuy.. 226 »
Thanh-Long.... 240 »
Nghia-Thanh ... 30 r. Frères Guillerault
Taoi-Sanh...... 10 rue Frères-Louis
Duong-ph-Long . 132 »
Trân-Dang ..... 9 rue Fonck
Tu-Diên....... 11 bis »
Nguyên-Hoan... 18 b. Galliéni
Tam-Thanh .... 4 r. Jean-Eudel
Hiêp-Tan...... 38 b. Kitchener
Phuoc-Thu..... 165 »
Tang-Dao...... 148 rue Lagrandière

Ha-Tiên....... 268 rue Lagrandière
Bo-Huu .... 241 »
Dong-Ky....... 295 »
Minh-Duc...... 87 rue Lareynière
Thanh-Hung.... 139 r. L. de la Liraye
Tân-Hiêp...... 171 rue Marcel Richard
Tân-Phuoc ..... 197 »
Tân-Thanh..... 4 r. M. des Pallières
Ng.-thanh-Loi... 136 rue Mayer
Ngoa-seng-Sing.. 65 »
Cam-Dinh...... 111 »
Tan-Loi .... 109 r. Ng.-tân-Nghiêm
Dominique Minh. 45 »
Ngô-Tâm ...... 4 rue d'Ormay
Diêt-Hong ..... 14 »
Bo-Huu .... 18 »
Tran-Xi .... 24 »
Công-Thanh.... 40 b. Paul-Bert
Thinh-Duc..... 374 rue P. Blanchy
Vo-van-Vuong .. 452 »
Nhuan-Tan..... 69 »
Diec-Thiem .... 83 »
Tam-Lien...... 231 »
Nguyên-Thanh .. 307 »
Quan-hanh-Long. 52 rue Rousseau
Công-Phat...... 46 rue Verdun
Ha-Cam .... 197 »

Bois de constructions
(Marchands de)

Bienhoa Industrielle et Forestière (La)
20 q. Le Myre de Vilers 218
Cie Forestière Indochinoise
43 b. Bonnard 756
Cie Asiatique & Africaine
44 q. de la Marne 223
Expl. Forestière. 29 b. Galliéni
Hoa-ph.-Tuong.. 240 q. de Belgique
Lignon .... 67 rue Paul-Bert 1084
Potteaux A. (Mlle) 85 rue d'Ayot
Rousseau....... 111 rue d'Arfeuille
Vinh-mau-Chanh. 47 rue Bourdais

Boucheries

Aliment. Générale 96 r. d'Ormay 226
Guyonnet A.... 121 rue Catinat 299
Sté Frigorifiques . 24 rue Lagrandière 631
Quan-hoa-Long. · 21 r. de Phu-Kiêt
Ly-Cuong...... 27 »
Nho-Sanh...... 17 rue Schrœder

(V. autres boucheries aux Halles Centrales)

Boulangeries

Boul. Moderne .. 72 b. Bonnard 693
Guyonnet A....121 rue Catinat 299
Massol .... 37 rue de Louvain
Paira J. (Mme)..106 rue Catinat
Perlié (Mme)... 31 rue Amiral Dupré
Seurin P....... 79 rue d'Espagne 591
Dubier (Mme)..128 rue d'Espagne
Tran-Lai....... 26 ruelle d'Ayot
Quan-phuoc-Hai.266 quai de Belgique
Duong-Hoa..... 76 rue Bourdais
Ng.-van-Quan... 29 r.Chemin des Dames
Tong-Fat....... 152 rue Catinat 56
Ha-Giai .... 236 rue d'Espagne
Luong-Nam..... 83 rue Faucault
Loi-Hang...... 31 rue Fonck
Hang-Thai....284 r. Lagrandière
Ly-Tu......... 119 pl. Maréchal Foch
Vinh-Tai....... 269 r. Paul Blanchy
Duong-Hoa ....306 »

Brasseries & Glacières

Brass. & Glacières { 168
de l'Indochine 2 r. P. Blanchy { 885

Brocanteurs

Hiêp-Hoa......101 b. Albert Ier
Thông-Nguyên ..151 »
Phuoc-Huê.....155 »

Trung-Ky...... 11 r. d'Alsace-Loraine
Ng.-thi-Den.... 35 »
Moc-Truong....129 rue d'Arras
Huynh-Long....102 »
Hiêp-Phat ..... 86 rue d'Ayot
An-Loi........120 »
Tô-Viên.......129 quai de Belgique
Hong-Vinh.....267 »
Tô-Viên.......282 »
Thong-Loi..... 10 rue Boresse
Tran-duc-Phat .. 12 rue Bourdais
Man-Tai....... 14-16 »
Nhon-Hoa dit
Quach-Tha...142 rue Col. Boudonnet
Hong-kim-Ngoc.144 »
Huynh-Ngoc ...146 »
Hang-Canh.....154 »
Hong-Ki dit
Hiêp-Hoa....156 »
Chinh-Ich......166 »
Hoa-Phat dit
Quach-Toa ...168 »
Thanh-Ky......170 »
Vinh-Thanh ....172 »
Vhanh-Duc..... 11 r. de Can-Gioc
Kiên-Thanh .... 64 rue Chaigneau
Hiêp-Thanh....232 rue Ch.-Laubat
Nhu-Tong .....296 »
Hiêp-thanh-Loi . 79 rue de Dixmude
Tân-hiêp-Xuong.183 rue d'Espagne
Thanh-My .....194 »
Hap-Xuong ....229 »
Kiên-Long ....237 »
Hiêp-My ......241 »
Tuyên-Phat .... 12 rue Fonck
Tân-Lâp.......185 rue Galliéni
Tân-Thanh.....206 »
Nhan-Tam ..... 14 rue Heurteaux
Phat-Thanh ....280 rue Jean Eudel
Hoa-Thuân .... 73 »

Phong-Hoa.....278 rue Lagrandière
Huynh-hiêp-Loi.385 rue Lefebvre
Phat-Dac 23   »
Vinh-Loi.......102 quai de la Marne
Bu-Gia........108   »
Van-Loi.......120   »
Tam-co-Thanh..442 rue Paul Blanchy
Thông-Hung....313   »
Hiêp-hoa-Thanh.329   »
Kiêt-Tuong.....355   »
Nam-Hoa...... 82 b. de la Somme
Hoa-My....... 90   "
Truong-Nghia... 96   »
Thanh-Hoa..... 2 rue de Verdun
Phuoc-Tuong... 64   »
Nam-Long 173   »

Bureau de placement

Vu-trong-Ngoc..157 r. d'Espagne   794

Broderies et dentelles

P. Chauvin..... 83 rue Catinat
Ng.-chi-Hoa.... 85   »   798
Tai-Thanh 113   »
Mai-thi-Luc .... 44 b. Charner
Ng.-van-Nhuan..156 rue Ch.-Laubat
Duong-van-Tai..114 rue d'Espagne
Truong-v.-Huan.200   »
Ng.-van-Sam ... 70 r. Garcerie   1094
Chez Thérèse... 10 rue Jean-Eudel
Ng.-van-Thi....148 r. L. de la Liraye
Lê-van-Thinh... 70 rue Mayer
Atel. de Broderie
   Artistique ....   rue M. Parent 398
Lê-van-Ky ..... 25 rue d'Ormay
Ng.-van-Diêm... 9 rue Paul Blanchy

Café (Marchands de)

Torréfaction Saig. 7 pl. du Théâtre 641
Comptoir "Unic" 161 rue d'Espagne

Carrossiers

Brun.........110 b. Charner 462
Ets Jean Comte. 34 b. Norodom 148
Ets Gay....... 46 r. Lagrandière 388
Mac-van-Toan .. 59 b. Albert 1er
Luan-Lien ..... 93 rue Boresse
Vo-van-Tri....300 rue Ch.-Laubat
Tran-van-Tuy... 34 rue Frère Louis
Nam-hiep-Thanh.168 rue Galliéni
Dao-ngoc-Giuc.. 166 rue Louvain
Tran-van-Hiep.. 4 rue Mayer 910
Ta-tien-De.....261 rue Paul Blanchy

Charpentiers-Menuisiers

Hiep-hung-Long. 63 rue Chaigneau
Luan-Ninh.....117   »
Dan-Phung.....119   »
Doan-v.-Khuyen.175 r. Col. Boudonnet
Lam-Duong .... 5 r. Doud. de Lagrée
Vu-van-Thach... 97 r. d'Espagne
Duc-Nang......111   »
Duong-Con.....257   »
Ng.-van-Bat 276   »
An-Tong....... 68 r. G. Guynemer
Vo-xoan-Ut..... 69 r. Jean-Eudel
Duong-v-Truong. 75 r. Marchaise
Huynh-Long.... 55 r. Mayer
Nguyen-van-Ton. 63   »
Nguyen-van-Can. 46   »
Ly-Mien....... 71 r. Paul Blanchy
Ha-Minh...,... 77   »
Hua-Canh...... 73 r. Pellerin
Nguyen-v-Thai.. 26 r. Roland-Garros
Tran-van-Phang . 87 b. de la Somme
Ho-quang-Chau.. 60 r. Thomson

Cigarettes (Marchands de) et Changeurs de monnaie

Aboubakar ...... 17 rue Carabelli
Gral Cigarette Store 9 » Catinat
Mougamadou Ab-
  doulcadar...... 99   »
Cou Ismael......121   »
K.M. Mougamadou
  Soultane 151   »
Mou-Mougamadou
  Méidine 155   »
Abdoul.........161   »
J. M. Mohamed
  Ismael Frères ..179   »
H. A. Ibrahim...211   »
N. M. Ibrahim... 51 rue d'Espagne
Varadaradjou .... 9 pl. Francis Garnier
Abdoulbadoud ... 36 rue G. Guynemer
O. Mohamed Ysoub 11   »
E. Abdoukabar... 18 rue Jean-Eudel
T. S. Mohamed
  Shariff........ 20   »
Abdoubakar ..... 79 rue d'Ormay
A. Mougamadouis-
  soup .... 30 rue Vannier
Z. Abdoulgapour . 40   »

Chapeliers

Baudet .... 26 rue Catinat
Au Petit Paris ...111 » Catinat 810
Nouveautés Catinat. 165   » 730
Canavaggio 173   » 170
G. M. Charner... ang. b. Bnard et Ch. 140
Ngo-van-Trach ... 24 rue Amiral-Dupré
Luu-Huu .... 8 ruelle Amiral-Roze
Phuoc-Loi,...... 71 rue d'Ayot
Danh-van-Danh ..125   »
Cat-vuong-Tan ... 74 b. Bonnard
Trung-Quang.....108   »
Au Coq d'Argent. 51 rue Sabourain
Hoan-Toan......284 » P.-Blanchy

Chemiseries — Bonneteries

Baudet.......... 26 rue Catinat
Au Petit Paris....111 » 810
Canavaggio......173 » 170
Courtinat.......104 » 70
Nouveautés Catinat.165 »
Mon Chemisier...158c »
Chabot ....211 »
G. M. Charner .. ang.b. Bnard et Ch.140
Nam-hung-Chan..112 b. Bonnard
Fou-kin-Dji...... 37 rue Col. Grimaud
Singapore Store... 15 rue Vannier

Charcuteries

Alimentation génér. 96 rue d'Ormay 226
Au Petit St-Antoine 108 » Catinat 591
Guyonnet A.....121 » 299
Charcut. Ariégoise 7 » Turc

(V. autres Charcuteries aux Halles Centrales)

Chiromancien

Ng.-thuong-Hien .251 rue Lagrandière

Coiffeurs

André..........122 rue Catinat 832
Guyot..........140 » 738
Salon Fémina ....158a » 545
Villaruel........ 71 »
Maurice........ 50 » 607
Guérini........ 63 rue d'Espagne 267
Thua-Thien...... 50 b. Albert 1er
Tân-Huê ....162 »
Mai-Huê ....170 »
Ng.-van-Hoang... 95 »
Ng.-ngoc-uHong .105 »
Buu-Hoa .... 16 r. d'Als.-Lorraine
Tan-Lai .... 28 »
Ly-Tham .... 45 »
Tran-thi-Xoang... 4 r. Amiral Courbet
Huu-Loi........ 12 »

Coiffeurs *(suite)*

Tran-thi-Loan....	22 r. Amiral Courbet
Pierre Qui.......	51 r. Am. Dupré 732
Minh-Nguyet.....	46 rue Amiral-Roze
Phong-Quang	60 »
A. Dai-Jazz	6 » d'Arfeuille
Dong-Phat	49 »
Lai-Xuan	20 rue d'Ariès
Nguyen-thi-Xien..	104 » d'Arras
Su-Lap.........	269 quai de Belgique
Thai-Kieu.......	7 rue Boresse
Au Tigre d'Or...	20 b. Bonnard
Au Figaro.......	52 »
Au Petit Figaro ..	56 »
Au Chic Bourdais.	172 rue Bourdais
Tran-duc-Tai	183 »
Thai-binh-Duong..	185 »
Lai-Mung.......	13 »
Tan-Thanh......	1 rue de Can-Gioc
Le-van-Chanh....	11 »
Truong-van-Tai...	1 »
Mr. Kim........	45 boulevard Charner
Au Boucles d'Oreilles	86 »
Nhu-Y	98 rue Ch.-Laubat
Thanh-Xuan.....	99 »
Phan-van-Giac ...	228 »
Pierre Chuc	34 rue Do-huu-Vi
Joseph Tuong....	15 »
Nghia-Hoa......	55 »
Thai-Hoa.......	87 »
Nguyen-van-Vang.	108 »
Minh-Tin	178 »
Tran-Sanh.......	188 »
Mai-van-An	206 »
Nguyen-thi-Ngoc .	230 »
Minh-Nguyêt	193bis »
Thinh-Hung.....	221 »
Cong-Thanh	5 rue Filippini
Truong-Xuan	26 boulevard Galliéni
Tan-Xuan.......	38 rue G.-Guynemer
Dao-Nguyen.....	110 »
Duc-tieng-Long...	112 »

Do-Hinh-Hieu...	95 rue G. Guynemer
Xuan-Chuong....	127 »
Hiêp-Thanh.....	57 rue Heurteaux
Thoi-Tân	222 » Jean-Eudel
Kha-Viên	230 »
An-Hung	89 »
Dinh-Cong	276 rue Lagrandière
Au Chic Lagrandière	121 »
Nam-hung-Hoa...	325 »
Le-Hoa	114 rue Lefebvre
Van-hiêp-Loi	23 quai de la Marne
Phu-Hung	»
Hoa-Nhi.......	3 r. Martin-Pallières
Ngoc-Lam.......	126 » Mayer
Thang-Long	99 »
Van-An	12 r. Ng.-tân-Nghiêm
Nhon-Loi	16 »
Vu-tan-Phat	89bis »
Sam-Kieu	19 rue d'Ormay
Minh-nguyen-Vien	39 »
Muoi...........	89 »
Minh-Bach	32 b. Paul-Bert
Truong-van-Bao...	58 rue Paul-Blanchy
Tran-tat-Thi	260 »
Khue-Van.......	286 »
Ho-Van	348 »
Cam-Hue	205 »
Dong-Hung	273 »
Hiep-Thanh	327 »
Trung-Hue	363 »
Nguyen-Nam.....	132 rue Pellerin
Dong-Hoa	7 » Reims
Nguyen-thi-Le....	25 rue Roland-Garros
Huynh-Hoa.....	47 » Rousseau
Pham-ba-Huyen ..	36 » Sabourain
Nam-Hoa.......	80 b. de la Somme
Luong-Cau	37 »
Pho-Tho........	86 »
Duc-Y	55 »
Binh-Vuong	108ter rue Vassoigne
Vo-thanh-Ngai ...	137 rue de Verdun
Nam-nhon-Hoa...	155 »
Nguyen-thi-Nhan..	193 »

Confiseries-Pâtisseries

A la Pagode..... 195 rue Catinat   633
Paira (Mme).....106   »
Aviotte.........159   »
Pâtisserie Viennoise 127 b. de la Somme 487
La Chablaisienne.. 178 rue Pellerin
Au Palais des
     Gourmets...... 10 b. Albert 1er
Bac-Hung.......108   »
Bon-Huyen-Chai.. 150 quai de Belgique
K. Yoshimoto.... 116 rue Boresse
Cattapérouma .... 147 rue Chaigneau
Chung-van-Hy ... 140 rue d'Espagne
Nguyen-van-Dat.. 173   »
Trieu-Xuong..... 51 rue G. Guynemer
Dai-Nguyen 87   »
Ng.-khac-Truong.. 98 rue Lagrandière
Chung-Nhuan-Hy. 79 rue Pellerin
To-Tach........ 5 rue Schrœder
Kha-ky......... 44   »

Consignataires de navires

Denis Frères d'Ind. 4 rue Catinat   55
Diethelm et Cie... 29 quai Belgique 79
Cie de C. N. E.-O. 19 rue Vannier 1133
Quach-Thiem..... 3 rue Lefebvre
Wo-Hing....... 24 rue Chaigneau 204
Sté Wm. Hale Cie 9 rue Lefebvre   57
Wah Yich....... 15 rue Lefebvre   378

Cordonniers
et Marchands de chaussures

Bata (S. A.).... 42 rue Catinat   979
     —   .... 40 rue Vienot
Canavaggio...... 171 rue Catinat   170
Cornier P.......110   »   901
Rabbione Ernest.. 49 rue Amiral-Dupré
Pham-van-Thanh.. 117 b. Albert 1er   .
Hao-Loi........156   »
Huynh-Nai......160   »

Truong-v.-Nguyen. 151 rue A. Courbet
Chau-Binh....... 25 r. Amiral-Dupré
Ly-Nhu 31   »
Tran-Hang...... 45   »
Tran-Hua.......108 b. Bonnard
Yen-Tu......... 37 rue Catinat
Ly-Luyen 61   »
Nguyen-chi-Tam.. 77   »
Nguyen-chi-Hoa.. 83   »   798
My-Thanh ...... 83 b. Charner
Viêt-Thanh...... 1 rue Do-huu-Vi
Huynh-Lang,.... 43   »
Tran-van-My .... 95 rue d'Espagne
Au Talon rouge.. 104   »
Pham-van-Vuong. 107   »
Mékong.........137   »
Bao-Hoa........140   »
My-Hung.......141   »
Lac-Long 143   »
Do-huu-Chat.....169   »
Truong-qu.-Binh.. 251   »
Thang-Loi ...... 60 rue G. Guynemer
Pham-van-Kinh...105   »
Hue-My.........187 rue Lagrandière
Duyen-Thanh.... 81 rue Mayer
Cong-Thanh ..... 92 rue d'Ormay
Tran-duy-Bing ... 75   »
Luong-Tuong .... 62 rue Paul-Blanchy
Nam-Thien...... 63 rue Pellerin
Bui-duc-Hien .... 51 rue Sabourain
Cat-Hanh....... 41   »
Nguyen-thi-Hai... 25   »
Ly-Thang....... 53 b. de la Somme
Dông-Chi .... 44 rue Vannier

Corsetières

Aux deux Claudine 96 b. Charner   113?
Macaire (Mme).. 18 b. Bonnard

Couturières

Antonini (Mme).. 45 rue Amiral-Dupré
Mut (Mme)...... 14 b. Bonnard
Ginette ....213 rue Catinat   834
Aux deux Claudine 96 b. Charner   1131
Maison Jud...... 50   »
Mag .... 76c rue d'Espagne
Madeleine.......101   »
Moretti (Mme)... 59   »
L'Innovation..... 3 pl. Fr.-Garnier
Bonnet Denise... 17 rue Garcerie
Eve-Mode ...... 99 rue Lareynière
Balland (Mme)...216 r. M.-Mahon 656
Georgette .... 8 pl. M.-Joffre 728
Noelle.......... 2 b. Norodom   668
Maria ....228 rue Paul-Blanchy
Nguyen-thi-Binh..346   »
Solaro (Mme)....178[1]   »

Lecomte (Mme).. 89 rue Pellerin
An-Thai........ 46   »
Thanh-Luong 64   »
Vinh-Long 75   »
Juliette .... 30 rue Testard

Couronnes mortuaires
(Marchands de)

Pradon (Mlle)...124 rue Catinat   891
Maison Jud...... 50 b. Charner
Au Souvenir..... 65 rue d'Espagne
Tan-My .... 1a rue Filippini
Phan-trac-Chanh.. 15   »
A. Lacroix...... 17   »
Phan-thuc-Trac... 16 r. Sabourain

Curiosités (v. *Objets d'art*)

Cycles (Marchands de)

Ets Jean Comte... 34 b. Norodom   148
Sté L. Caffort....123 rue Catinat   281
Au Petit Paris ...111   »   810
Le-van-Du ...... 22 r. Sabourain   519
Le-van-Phuong ...105 b. Charner 1132
Pham-van-Bao.... 5 rue Carabelli
Ngo-van-Luong...179 b. Albert 1er
Truong-ba-Sô ....130 r. d'Espagne 662
Pierre Truong....198   »
Tang-thi-Ben.....232   »
Cannou.........254   »   828

Décortiqueries

Phan-van-Buc....194 quai de Belgique
Nguyen-tung-Loc .204   »   717
Nguyen-tan-Liem .   Khanh-hoi
Ly-thi-Hai......154 b. Paul-Bert
Van-Xuan.......   »

Dessinateurs en publicité

Dinh-Tuy....... 82 rue Lareynière
Dang-van-Ky .... 17 r. Martin-Pallières
Loesch Maurice... 50/4 ruelle Garcerie
Nam-Xuan......288 rue Paul-Blanchy
Tanhanh........181 boulevard Galliéni

Détaillants indigènes

Le-van-Sanh.....142 b. Albert 1er
Kim - Hung et
   Hong-Khue....144   »
Quang-Xuong,...192   »
Thanh-hg-Chanh.. 99   »
Cam-Ky .... 1bis r. d'Al. Lorraine
Quang-vinh-Xuong 45   »
Lam-Duc 61   »
Trieu-Thanh..... 6 rue A. Courbet
Quan-gi-Hinh....   rue d'Ariès
Nguyen-van-Ba... 21 rue d'Arras
Huan-hoa-Tuong . 27   »
Nghi-Lien....... 63   »

Nhi-hung-Long...163 rue d'Arras
Van-Sanh....... 94   »
Dong-phat-Thanh.114   »
Mang-hung-Tuong160   »
Thuong-Lien.....232   »
Tan-tai-Hung.... 96 quai de Belgique
Phuoc-Hung.....100   »
Tu-Tu 103   »
Truong-Hieu ....112bis   »
Sui-Xuong 120   »
Lam-van-Khue ...123   »
Dong-Nguyen....126   »
Tan-xuong-Hoa ..132   »
Phuoc-my-Thanh .139   »
Nam-du-Hung ...146   »
Quang-an-Phat...147   »
Cam-phg.-Chanh..199   »
Chuon-Ky.......175   »
Ving-tac-Sing 185   »
Quan-Tran 203   »
Thanh-Ky.......188   »
Soi-Thanh.......196   »
Quang-hoa-Xuong.268   »
Tu-Tich 233   »
Quan-hue-Xuong .288   »
Ha-Hung....... 18 rue Barbier
Quang-Hung..... 14   »
Loi-Hung....... 26   »
Huynh-Thien.... 14 rue Bercerio
Hue-xuong-Long .104 rue Boresse
Phu-Dien 59   »
Hiep-Huu ...... 18 rue Bourdais
An-Xuong 50   »
Vang-sanh-Long..176   »
Pham-thi-Nha.... 5 rue Can-Gioc
J. Mohamadaly... 33 rue Catinat
Van-Nguyen ..... 42 rue Champagne
Hue-sanh-Tuong .268 rue Ch.-Laubat
Khai-sanh-Xuong.230   »
Chim-xong-Chanh. 24 rue Dixmude
Chanh-Xuong....   »
Vinh-Phuoc .....   »

Détaillants indigènes *(suite)*

Tu-Phuc........ 2 rue Do-huu-Vi
Ngo-chon-Ky 22   »
Chung-Hue...... 21 rue Duranton
Huynh-Hoang ... 23   »
Quang-lien-Xuong 31   »
Chau-Quan 53   »
Vuong-Chuyen ...136   »
Nguy-Thanh.....174   »
Hau-an-Tuong ...159 rue d'Espagne
Duc-sanh-Hoa ...282   »
Nam-Xuong 207   »
Tran-di-An.....243   »
Hoi-Nguyen 247   »
Dang-Te........ 12 rue Faucault
Quang-ng.-Hieu .. 76   »
Chau-Tien....... 98   »
Trieu-Ky........102   »
Vuong-Vinh ..... 29 bis   »
Thien-Ky .... 23 rue Fonck
Quang-hiep-Hung. 2 r. Fr. Guillerault
Lac-hong-An..... 32 rue Frères-Louis
Sanh-Ph.t,......148   »
Le-van-Hai...... 71 rue Frostin
Chau-Lien....... 3 rue Gallimard
Nam-thanh-Loi... 9   »
Trieu-tu-Muôi.... 15-17   »
Hon-dy-Chanh ... 53 rue Hamelin
Ho-Quang 55   »
Du-sanh-Long.... 1 rue Heurteaux
Thai-Loi........ 9   »
Tan-phuoc-Lai ... 11   »
Thoai-Tran...... 43   »
Vinh-Thanh .... 22 r. Huynh-qu-Tien
Quang-xg.-Huong.   »
Van-sanh-Loi 163   »
Hung-Thai 41   »
Quang-nghi-Loi... 84 rue Jean-Eudel
Ban-sanh-Long ...290   »
Hoai-Hung 77   »
Duong-to-Chau...238   »
Guan-Heng......250   »

Vuong-Thu...... 18 b. Kitchener
Mau-hung-Sing...157   »
Tu-Duong....... 24 rue Lafont
Hue-Xuong..... 112 rue Lagrandière
Hoa-Nguyen..... 71   »
Diec-Diem 177   »
Di-sanh-Hieu 217   »
Hoa-Phat 245   »
Quang-an-Xuong .271   » .
Viet-Chanh...... 2 rue Larcynière
Ly-Vuong....... 7   »
Tu-Duong....... 63   »
Quang-tin-Loi 69   »
Thanh-Ky.......103   »
Nam-Thanh ....124 r. Leg. de la Liraye
Hoa-sanh-Chanh..141   »
Ich-Tran-Huu-
    Khoan........ 5 rue Marchaise
Thanh-th.-Xuong.118 quai de la Marne
Quang-hung-Long.   »
Quang-duc-Xuong.   »
Quang-hiep-Nam..   »
Ngoc-buu-Anh ... 40   »
Nam-Nguyen..... 44   »
Lac-Luc ....104 pl. Maréchal Foch
Tay-Nhu........106   »
Truong-Khoan....124 b   »
Nhon-Ho......132 bis   »
Dong-xg.-Thanh ..139   »
Quan-toan-Loi.... 34 r. Martin-Pallières
Vin-Hung....... 44   »
Thai-An........ 46 rue Massiges
Ich-chanh-Hieu... 60   »
Lu-Kien .... rue Nancy
Quang-hieu-Xuong 26 r. Ng.-tan-Nghiem
Vinh-Phong ..... 46 bis   »
Quang-Hoa.....105   »
Quang-minh-Loi .. 105 bis   »
Tran-van-Kim 21   »
Viet-Sanh....... 37   »
Hong-xuong-Long. 36 rue d'Ormay
Thanh-Loi....... 33   »

E.Mohamed Kasim 95 rue d'Ormay
Vinh-Chan ......304 rue Paul-Blanchy
Luu-sam-Chanh... 10 rue Roland-Garros
Luu-tieu-Ky ..... 12 »
Vinh-Ky........ 14 »
Tai-Sanh........ 16 »
Bui van-Con ..... 30 » 923
Thai-Thanh ..... 91 rue Rousseau
Vinh-ich-Tuong .. 21 rue Schrœder
Ich-Ky .... 28 »
Ha-Dinh........ 12 rue Turc
Le-van-Dot...... 20 rue Vassoigne
Tan-Hiep-Long .. 42 »
Hiep-Hoa ...... 44 »
Ly-tuan-Thu..... 50 »
Nam-Son........ 70 »
Manh-Ky .... 13 »
Nam-loi-Chanh ... 6 rue Verdun
Van-Xuan....... 49 »
Nam-Ich........163 »

Hue-nam-Thanh..171 rue Verdun
Do-Chi.........195 »
Vinh-hiep-Du.... 6 rue Viénot
Loi-Xuong ...... 10 »
Nguyen-hoa-Tuong 58 »
Quan-vinh-Chan... 18 » 251

Disques, Phonos et Instruments de Musique

Au Ménestrel.... 19 pl. Théâtre 277
Abdoulgafour Z.. 42 rue Vannier
Courtinat........104 rue Catinat 70
Ets Cambay...... 63 b. Charner 599
G. M. Charner... angb. Ch. et Bnard 140
Ind. Films et Cinémas.106 b. Charner 797
Pathé (Cie Machi-
nes parlantes)...213 rue Catinat 515
Le-van-Phuong...105 b. Charner 1132
Melodia........253 rue d'Espagne

Dortoirs indigènes

Dao-Nguyên..... 84 r. d'Als.-Lorraine
Nam-hung-Khach-
   Sang.........103   »
Dai-Tân .... 18 r. Amiral-Courbet
Nam-dong-Huong. 30   »
Ngai-Thanh 38   »
Nam-hung-Thanh. 48   »
Hanh-hoa-lu-Quang. 54   »
Ng.-Hieu-Dong.. 31   »
Thanh-Huê...... 51   »
Thanh-Huê......1à10 rue Amiral-Roze
Dong-ban-khach-
   Lâu.........28-30   »
Tam-ky-khach-Lâu178-182 r. Bourdais
Nam-viêt-khach-
   Lâu......... 21 rue Carabelli
Triêu-Chau...... 47 » Chaigneau
Ngai-Thanh......136 » C. Boudonnet
Phuoc-Due......152   »
Ngai-Thanh (Annexe)158   »
Ngai-Thanh......174   »
Tan-thinh-khach-
   Sang......... 7 rue Col. Grimaud
Nam-Thanh 21-23   »
Tam-ky-khach-Lâu 67   »
Dai-viêt-khach-Lâu124 rue d'Espagne
Nam-Ky........154   »
Thai-Lai........ 88 » G. Guynemer
Dao-Nguyên.....110   »
Công-Lai........ 69   »
Trung-Hung..... 89   »
Nien-Thong 93   »
Tan-dai-Hoa..... 99   »
Nam-hung khach-
   Lâu......... 2 rue Hamelin
Dông-phong khach-
   Lâu.........222 » Jean-Eudel
Ly-thi-Huê...... 5 » Mayer
Dông-Lac....... 2 » Noël

Dông-Lac.......413 rue P.-Blanchy
Ba-huê-khach-Lâu.104 » Pellerin
Chung-Dai dit
   Lam-Dai...... 37 » Schroeder
Ng.-hung-Hanh .. 56 b. de la Somme

Ecoles libres

(V. Institutions privées)

Electriciens

Cie des Eaux et
   d'Electricité.... 72 r. P.-Blanchy 106
Union Electrique
   d'Indochine.... 8r. D. de Lagrée356
Robert Michel.... 98 » d'Espagne 555
Heuzé G........134 » Pellerin 1194
Comptoir d'Electri-
   cité de l'Indochine 76B r.d'Espagne1003
Tran-van-Sang....190 b. Albert 1er
Tran-van-Thu....164   »
Xuan-Vien......111   »
Quang-hung-Long. 1 rue Amiral-Roze
Hiep-tam-Ky 11   »
Nam-hiep-Loi.... 23   »
Tran-Chuong ....185 » Bourdais
Lê-van-Son...... 15 » C. Grimaud
Nguyên-van Manh. 25   »
Tran-Tang ...... 40 » Do-huu-Vi
Vo-van-Chinh.... 87 » d'Espagne
Tran-Don....... 81   »
Tran-van-Cuc.... 83   »
Vo-van-Thinh.... 89   »
Tran-quang-Nhiem200   »
Hiep-Hoa.......114 rue G. Guynemer
Quang-An.......125   »
Ma-Dao ....119 » Lagrandière
Ma-van-Dieu.....120   »
Nguyên-van-Thiet.250 » Lefebvre

Electriciens *(suite)*

Nguyên-van-Dung.252 pl. Maréchal-Foch
Ngo-van-Luong... 71 rue Mayer
Hung-Loi....... 89   »
Tran-van-Tan....206 rue P.-Blanchy
Nguyên-van-Dau,.276   »
Mai-Chuyet...... 70 rue Pellerin
Tran-van-O...... 94   »

Entrepreneurs
de constructions

Baader H.......123 r. de Louvain 939
Canova Jean.... 29 b. Norodom 813
Sté Dragages & T.P.200 r. Champagne 491
Sté D. Sacco & Cie .228bisr. L. de la L. 1063
Sté Brossard Mopin 48 rue Richaud 94
S.I.D.E.C.... 1 r. Mar. Richard 144

S. Ets.V. Lamorte. 2 r. C.-Lucinière 75
Levallois-Perret...111 rue Pellerin 67
Soyez L........ 39 rue Barbet 809
Tran-kim-Ky(Vve) 96 r. Ld de la Lir. 412
Villa Menotti.... 47   »   955
Giang-Tuong .... 89 rue d'Ayot
Truong-van-Buon . 88 b. Albert 1er
Quang-Sanh ..... 81 r. Alsace-Lorraine
Pham-van-Loc....242 rue d'Arras
Nguyen-van-Co...106 r. Champagne 604
Dinh-van-Hoat...124 r. Ld. de la Liraye
A Hung Fils..... 59 r. de Louvain 1180
Tran-van-Sang....146 r. Marchaise 941
Huynh-van-Don ..134 r. Mayer 541
Hua-Canh....... 73 rue Pellerin
Nguyen-van-Muc.. 33 bis rue Pierre
Huynh-Thu...... 10 rue Thomson
Dubois .... 32 r. Rousseau 1080
Mariani A....... 62 rue Testard 305

Epiceries

Chanh-Long ..... 157 b. Albert 1er
Thiep-Long...... 173 »
Binh-Ky .... 30 r. d'Als.-Lorraine
Quang-an-Tuong.. 80 »
Tai-Sanh........ 142 quai de Belgique
Nguyen-thi-Duoc . 286 »
G. M. Charner ... b. Bonnard 140
Tong-Fat........ 152-154 r. Catinat 056
Epic. Fr.-Italienne. 158 » 968
Tong-Hé, fils A. Hi 115 » 1168
Nouveautés-Catinat 165 » 730
D. Sababady..... 130 rue Chaigneau
Mounissamy ..... 132 »
Ku-Balakrishana
  Pillay-M...... 134 »
V. Nadarassin.... 136 »
R. P. Soupranien. 149 »

Phuoc-sang-Long . 99 rue Chaigneau
An-loi-Long..... 101 »
Vinh-An........ 105 r. Col. Boudonnet
A. Nam........ 49 rue Do-huu-Vi
Thai-Thach...... 9-11 r. D. de Lagrée 950
R. Soupramanien. 244 rue d'Espagne
Nguyen-van-Bau.. 129 »
La Roussillonnaise 151 » 354
Thinh-Ich....... 90 rue G. Guynemer
Va-Assanécauny.. 108 »
Phuoc-An....... 35 »
Tan-hong-Sanh... 37 »
Quang-Hat...... 71 »
Yée-on-Cheung... 77 »
Tan-Hung...... 82 rue Hamelin
Sté des Frigorifiques 24 rue Lagrandière
Indien Store..... 103bis r. Lagr.
Alim. Générale... 100 r. d'Ormay 226
Boy-Landry...... 15 pl. Théâtre 173

An-thanh-Sang...362 rue Paul Blanchy
Nam-Loi........ 23   »
Tran-Hao....... 67   »
Iet-Long........ 89   »
Thanh-Loi 97   »
Dong-Binh 431   »
Kana Abdulassa.. 22 rue Roland-Garros
Chung-Dai ...... 33 rue Schrœder
Duong-Tho...... 49   »   613
Tran-Minh ...... 40 rue Vassoigne
Mieu-Yech ...... 30 rue Viénot
Vinh-Phat....... 54   »

Etoffes et Tissus divers

Importateurs

Biedermarnn & Cie 85 q. de Belgique 110
Courtinat........104 rue Catinat   70
Rietmann........ 19 b. Charner   893
Compagnie Optorg. 35 pl. Gambetta 135
Rondon et Cie ... 15 r.G.Guynemer 612
Ets Dumarest d'Indochine,
              q. Le M. de Vilers 69
Larrière E.......102 rue d'Ormay
Cambefort & Cie .125 b.de la Somme 945
Comptoir Lyonnais 95   »   992

Marchands

Abdoullah.......115 quai de Belgique
Courtinat........104 rue Catinat   70
Kimatrai & Cie... 48   »   1165
Taiyeby Frères ... 85   »   892
G. M. Charner...135 b. Charner   140
Mme Vve Marty..116   »   96
G. Abdoumachame146 rue d'Espagne
Pohomull Frères..140   »   486
A la Maison Rouge 1 rue Lefebvre 611
Na-Abdoubrahimane. 42 rue Vannier 339
       id.   50   »
Had-Ji-Mohamed 54   »
M. M. Cader.... 56   »
Na-Abdoubrahimane. 60   »

P. Yacoub....... 64 rue Vannier
S. Cader-Bara.... 66   »
Ma-Abdoul-Karime.. 68   »
Haboubakare..... 76   »
Hadji-Mohamed.. 80   »   470
Hamid Maricar... 84   »
Abdoul karime... 22 rue Viénot 285
Nihalchand Frères. 32   »   1098
H.A.J. Chotirmall 34   »   485
M. Ismaël-Frères. 38   »   185
Thanh-Hiep..... 42   »
Habdoulrahimane . 44   »   605
Dainan-Koosi 46   »   840
Thuan-Ky....... 48   »

Exportateurs

L. Ogliastro et Cie 50 q. de Belgique 103
Export-Import.... 39   »   278
Société Commerciale Fse de l'Indochine,
              15 q. de Belgique 289
Denis-Frères..... 4 rue Catinat   55
S. A. R. I...... »   136
A. B. David et Cie 48 rue Chaigneau 423
Mizutani........ 14   »   887
L. U. C. I. A ...135 b. Charner 108
Cie Optorg ...... 35 pl. Gambetta 135
Sté Franco-Saigonnaise,
              25 r. Guynemer   526
Société Indochinoise de Commerce,
              25 r. Guynemer   792
A. Alcan........ 29 rue Lefebvre 560
Mitsui Bussan Kaisha Ltd,
              2 rue Lefebvre   291
Sté W. G. Hale et Cie,
              9 rue Lefebvre   57
Société Havraise Indochinoise,
              17 rue Lefebvre   259
Sté Nouvelle des Rizeries Méridionales,
              15 q. L. Vilers   953
International I. E. 98 r. d'Ormay 226
C. C. N. E. O.. 21 rue Vannier 1133

Fabrications locales

Boîtes pliantes en carton

Imprimerie J. Aspar 24 rue Catinat   808

Boîtes métalliques

Delignon........140 r. Ch.-Laubat 1178

Briques et tuiles

Sté des Tuileries de
l'Indochine..... 56 r. Richaud   254
Sté des Tuileries de
Trian......... 77 » M.-Mahon 952
Tran-Chau ...... 8 b. Paul-Bert

Carreaux en ciment

Ets Industriels de
Saigon........308 q. de la Marne 118
Manuf. Saigonnaise
de carreaux.... 1 r. L. Lacouture 627
Nam-hung-Long .. 2 q. de Belgique
S.T.A.C.I.N.D.O.   r. R. Héraud 724
Tran-Tham...... 14 rue Gallimard

Cigarettes

Cie Franco-Annamite des Tabacs
19 pl. du Théâtre 173
Cie Coloniale des Tabacs
214 q. Belgique 1192
Cie Indochinoise de Cigarettes,
2 rue Ohier   71

Parfums

Prat Paul.......158 r. P.-Blanchy pr. 84

Pâtes alimentaires

Arrio Michel..... 53 r. de Massiges 340

Peintures et produits chimiques

Waelle.........308 q. de la Marne 118
« Le Marin »... . 61 rue Mac-Mahon

Savons et huiles

Tuileries et Savonneries d'E.-O,
102 q. de la Marne 210

Ferblantiers
Plombiers-Zingueurs

Nghia-Hoa......138 b. Albert 1er
Tien-Vien.......154   »
Phuoc-Xuong dit
Huynh-Quoi... 32 rue Amiral Roze
Dong-Loi.......106 quai de Belgique
Quang-nh.-Xuong.130   »
Vinh-Xuong.....134   »
Hong-Ky .... 79 rue Bourdais
Luc-Van........118 rue G. Guynemer
Quang-Vinh .....103 rue Chaigneau
Doan-van-Cuc....111 rue Ch.-Laubat
Lang-Trung...... 3 rue Do-huu-Vi
Hoa-Thuong..... 3 bis   »
Nhat-hung-Hieu..145 rue d'Espagne
Truon -Quan 191   »
Luong-huyen-Ky..265   »
Vinh-Ky........122 rue Lacotte
Ngo-Nguyen..... 57 rue Mayer
Ngo-nhu-Hoan... 69   »
Ta-dam-Chinh.... 71   »
Tran-gia-Mao ....214 rue Paul Blanchy

Fleuristes

Maryse.........144 rue Catinat 1077
Pradon (Mlle)....124   »   891

Fonderies

(V. Ateliers de Constructions métalliques)

Forgerons

Huynh-Thang.... 81 r. d'Als.-Lorraine
Dung-Sang ...... 31 »
Nguyen-Xuong... 80 quai de Belgique
Du-Quoi ....106 »
Tran-Sum.......113 rue Chaigneau
Luong-Nhi ...... 50, rue Do-huu-Vi
Hong-Nien......226 rue Lefebvre
Tran-Khai.......238 »

Fruits - Primeurs - Légumes

Thai-Sanh....... 2 rue Am. Courbet
A. Guyonnet.....121 rue Catinat   299
Nouveautés-Catinat 165   »   730
Quang-loi-Nguyen. 17 boulevard Charner
Eo-Thai......... 49 »
Le-thi-Thanh.....152 rue d'Espagne
Sté Frigorifiques .. 26 r. Lagrandière 631

L'Alimentation gén. 98 rue d'Ormay 226
Van-Phat .... 17 rue Phu-Kiet
Huynh-loi-An.... 90 rue Vannier
(V. kiosques, rue Vannier)

Fumeries d'opium

Nhan-lac-Cu.....189 b. Albert Ier
Dang-tan-Co..... 10 r. d'Als.-Lorraine
Nhi-hoa-Hung ... 95 »
Hiep-tan-Hieu ... 28 rue A. Courbet
Luong-van-Koc... 9 rue Amiral Roze
Tran-Cuu .... 84 rue d'Ayot
Tan-Xuong......148 quai de Belgique
Lam-vinh-Thanh..232 »
Hiep-Tri........ 4 rue Boresse
Mach-Nhu ...... 16 »
Quang-hung-Hung. 21 »
Nguyen-van-Ngo..114 rue Bourdais
Quang-hoa-Hung . 59 rue Chaigneau

Man-huong-Cat... 89 boulevard Charner
Nghia-an-Tuong .. 53 rue Do-huu-Vi
Lai-huong-Kot ... 57 »
Thai-Boi........ 17 r. Doud. de Lagrée
Cong-yen-Trung ..120 rue d'Espagne
Phuoc-An.......204 »
Huynh-Tich.....208 »
Quang-mau-Lam ..215 »
Lai-Hoa........231 »
Vinh-Thanh ..... 66 rue G. Guynemer
Dai-quang-Chau ..102 »
Ngam-hung-Cat... 43 »
Phuoc-sanh-Hieu . 49 »
Dai-Tan .... 91 »
Tu-binh-Phuong ..109 »
Lam-Hieu.......251 rue Jean-Eudel
Quang-hoc-Xuong. 39 b. Kitchener
Nhan-kiem-Hong .272 rue Lagrandière
Kim-tan-Ich .... 80 rue Lefebvre
Dong-Hang .... 92 »
Trung-Tich...... 98 »
Duyet-van-Hieu .. 81 »
Ong-Tho.......127 »
Truong-Hue..... 128 pl. Maréchal-Foch
Tram-Luong ..... 12 rue d'Ormay
Hiep-Hung...... 42 »
Nghia-xuong-Long.299 r. Paul-Blanchy
Hiep-hung-Long.. 43 rue Sabourain
La-tuong-Hung... 79 b. de la Somme
Quang-th.-Xuong . 40 rue Viénot
Hung-Hung ..... 50 »

Garages

Dan-Nam........ 15 rue Amiral-Roze
Garag. Indochinois 3 b. Bonnard 516
S. C. A. M. A. .. 41 r. Chaigneau 800
Brun...........110 b. Charner 462
Garages Charner..117 » 227
Auto-Hall......137 » 745
Delignon........140 r.Ch.-Laubat 1178
Garage SIMA... 39 r. d'Espagne 1106
Morise.......... 39-43 rue Fonck
Huynh-van-Hien .204 rue Frères-Louis
Nam-thanh-Hung.187 boulevard Galliéni
Bui-dinh-Tu .....160 »
Garage SADOM. 53 r. Mac-Mahon 297
S. I. T......... 93 » 146
Tran-van-Hiep ... 4 rue Mayer 910
Tran-van-Dinh ... 40 »
Ets. Jean Comte.. 30 b. Norodom 148
E. Repessé......419 r. P. Blanchy 1160
Laurent Gay..... 46 r. Lagrandière 388
Nicolle ....168 rue Richaud 73
Garage Astello... 30 b.de la Somme 1053
Brochet......... 3 rue Vannier 237
Gar. de Khanhhoi. 4 r. Jean-Eudel 472

Graveurs

Mai-thi-Luc ..... 49 rue Catinat
Minh-Chau...... 43 b. Charner
Long-Van....... 46 »
Pham-van-Tho ... 79 »

Graveurs *(suite)*

Thuy-Chung..... 5 rue Do-huu-Vi
Pham-the-Kinh ... 17 » 956
Tran-van-Ton .... 48 »
Dao-tê-At .... 85 rue d'Espagne
Do-nhu-Lien..... 91 » 690
Nguyen-tan-Diep.. 3 rue Filippini

Grands Magasins

G. M. Charner...135 b. Charner 140
A. Courtinat.....104 r. Catinat 70
Descours Cabaud . q. de Belgique616
Poinsard Veyret..121 b. Charner 121

Guide de chasse

M. Plas........ à Djiring (Annam)

Horlogers

Tin-Thanh.......136 b. Albert Ier
Vinh-Hang......162 »
Vinh-Loi........125 »
Le-xuan-Ky......137 »
Nam-Long....... 20 rue Als.-Lorraine
Hai-Ky......... 62 rue Amiral-Dupré
Tho-Ky......... 6 rue d'Arfeuille
Nguyen-tan-Qui... 31 »
Nguyen-v.-Thuong. 68 boulevard Bonnard
An-Xuong....... 22 rue Boresse
Than-Trung...... 17 rue Carabelli
M. Mohamed ....105 rue Catinat
Truong-Thuong...107 »
Tran-Viêm........159 »
Tat-Ly......... 99 b. Charner
Le-van-Vinh ..... 76 rue d'Espagne
Nho-Khuong.....197 »
Quan-Phu.......201 »
Tran-Dien....... 37 rue G. Guynemer
Duong-Lang ..... 47 »
Tran-Xuong ..... 63 »

Grimm Bernard..134 r. Pellerin 1194
Phang-Tuong..... 19 rue Schroëder
Le-An.......... 23 »
Tin-Hung....... 27 »
Chung-Dai....... 33 » 501
Hoa-Thanh...... 35 »
Hung-Xuong..... 2 rue Viénot
Truong-Doan..... 92 rue Vannier

Hôtels

Saigon-Palace .... 18 r. Catinat 593
Continental-Palace.132 » 104
Au Coq d'Or. .. 56 b. Charner 671
Gd Hôtel Nations. 70 » 323
Gd Hôtel d'Annam.117 b. de la Somme 230
Modern Hôtel.... 5 r. A. Dupré 385
Hôtel de l'Ouest.. 1 rue Filippini
Hôtel du Mékong.162 r. d'Espagne 396
Hôtel Messageries. rue Fonck 855

Importateurs

Descours & Cabaud 3 q. de Belgique 83
Biedermann & Cie . 32 » 110
Diethelm & Cie .. 29 » 79
Denis Frères..... 4 rue Catinat 55
A. Courtinat & Cie 104 » 70
Mohamed Ismaël..179 » 691
Dainan Koosi.... 18 r. Chaigneau 840
G. Coppin & Cie . 10 b. Charner 1163
Cie de Commerce & de Navigation d'E.-O.
12 b. Charner 1133
Moitessier R..... 22 »
St Indochinoise d'Importation,
59 b. Charner 422
Poinsard et Veyret.121 » 121
L. U. C. I. A...135 » 108
Bergougnan (S. A).132 r. Ch.-Laubat 490
Wegelin........ 95 b. de la Somme 992
L. Rondon et Cie. 13 r.G.Guynemer 612
Dumarest & Fils .. 20 q. Le M. Vilers 69

Pour réduire vos frais !

Sans doute cherchez-vous à diminuer toutes dépenses improductives, frais généraux, etc...
Etes-vous sûr, pourtant, d'acheter aux meilleurs prix

vos fournitures de bureau ?

Si vous n'êtes pas encore notre client, vous dépensez plus d'argent qu'il ne faudrait, car, à qualité égale, nos fournitures sont moins cher.

Et vos imprimés ?

N'oubliez pas qu'un bel imprimé fait toujours bonne impression... Et que voici notre formule de travail : "VITE, BIEN, BON MARCHÉ !"

Consultez-nous !

IMPRIMERIE - PAPETERIE ASPAR
24, Rue Catinat - SAIGON - Tél. 808

Importateurs (suite)

Société Nestlé.... 35 r. Mac-Mahon 162
Frexor (S. A.).... 2 » 233
Heumann.......102 " 268
Ets Jean Comte... 30 b. Norodom 148
Sté Marseillaise d'Outre-Mer,
    2 rue Ohier 71
Gaudel et Russell. 18 rue P. Blanchy 386
Sté Commerciale Mazet d'Indochine,
    82 r. P.-Blanchy 145
Dainan Koosi..... 46 rue Viénot 448
Agence Commerciale de Saigon,
    68 rue Pellerin 843
C. Huchet...... 44 " 498
Compagnie Optorg. 35 r. Phu-Kiet 135
H. Bresset ..... 71 b. de la Somme 1176
L. Wegelin...... 93 » 992
E. Cambefort & Cie 125 » 945
International I.-E. 96 rue d'Ormay 226
L. Berthet & Cie. 165 rue Catinat 730

Imprimeurs

Aspar J......... 24 rue Catinat 808
Feuillet L....... 67 » 1127
Portail A.......193 " 58
S. I. L. I....... 66 » 187
Testelin J ......146 rue Pellerin 473
Huynh-Trung .... 61 rue d'Ayot
Xua-Nay........ 62 boulevard Bonnard
Nam-Tai........ 51 rue Catinat 537
Tran-trong-Canh.. 192 rue d'Espagne 532
Duc-luu-Phuong.. 158 »
Tien-Hoa ....274 »
Nguyen-Khac ....100 r. Lagrandière
Nguyen-van-Cua.. 57 r. L. Mossard 203
Thanh-Tan...... 8 rue Noël
Viet Fils........ 59 rue d'Ormay 457
Thanh-Mâu...... 5 rue de Reims
Tin-duc-thu-Xa... 37 r. Sabourain 669
Bao-Ton ....175 b. de la Somme

Instruments de musique
(V. Disques, Phonos, etc.)

Institutions et Ecoles libres

Nguyen-van-Ty... 9 r. d'Als.-Lorraine
Hnh-khuong-Ninh. 59 rue d'Ariès 538
Nguyen-v.-Phap .. 165 rue d'Arras
Phai-Minh....... 80 »
Pham-Tan-Bot ...232 »
Kim-Quang......264 q. de Belgique
Huynh-van-Ngoc.. 7 rue Bercerio
Nguyen-Du...... boulevard Bonnard
Dan-Hue .... 59 rue Bourdais
Sieu-Yen........ 82 rue Chaigneau
Minh-Tan.......109 »
Tieu-Van ....244 rue Ch.-Laubat
Nguyen-van-Den.. 43 r. Ch. des Dames
Gia-giao-h.-Duong 156 rue Frères-Louis
Vo-thanh-Cu.....205 "
Lyceum P. Doumer 221 b. Galliéni
Ton-ngoc-Tan....438 rue Jean Eudel
Dang-thi-Hanh... 18 »
Ah. Young.......194 rue Lefebvre 247
Institution Taberd. 53 rue L. Mossard
Pensionnat Sainte-Enfance, b. Luro 469
Mlle Isidore...... 19 r. M.-Mahon 364
Luong-chuong-Tac 26 »
Yuc-T-Wa ...... 25 »
Nguyen-thi-Tien.. 102 q. de la Marne
Chan-Thanh ..... 20 rue Marchaise
Institut. Quoc-Bao, 392 rue Paul-Blanchy
Lieu-Quang...... 74 rue Vassoigne
Thai-binh-hoc-Duong, 12 rue Verdun

Instituts de beauté

Kéva.......... 40 r. Ch.-Laubat 755
Minerva........129 rue Pellerin

Joailliers

Paul Chabot .....203 rue Catinat
M. Ibrahim & Cie. 44 »
M. L. M. Mohamed.105 »
Fung Manter..... 46 rue Chaigneau 640
A. B. M. Deen ... 48 b. Charner
Joaillerie Moderne. 50 r. Vannier

Leçons (Professeurs)

Boxe

Boxing Club . . . . . 175 rue Pellerin

Broderie & dentelle

Mme Poggi.. . . . 136 rue Paul-Blanchy

Chant & solfège

Mme J. Masson . . 238 r. Leg. Liraye 443
Mme Poggi . . . . . . 136 rue Paul-Blanchy
Mme Willy de Ley 258 b. Galliéni
M. Chevalier 1   »

Culture physique

Bruyère Pierre . . . .   6 rue Thévenet 552
Studio Marianne . . 99 rue Pellerin   844

Dactylographie-Sténographie

Mme Got . . . . . . 230^f rue Pellerin
Mme Perroche . . .   rue Richaud
Ecole Pratique . . .   7 rue René Héraud
Mme Dhommée-Loye 48 r. Lareynière 977
Ecole Commerciale 81 r. Huynh-qu.-Tiên

Danses

Mme Loesch . . . . . 50 4 rue Garcerie

Escrime

M. Hamet . . . .   au Cercle Sportif

Harmonie, Orchestration

Ch. Martin . . . . . . 204 rue P.-Flandin

Langues

Mme Lavau . . . . . . 13 p. Legr. Liraye

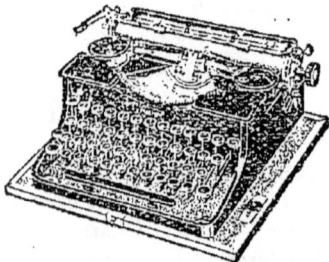

Natation

M. Hamet . . . . . .   au Cercle Sportif
Bruyère Pierre . . .   6 r. Thévenet

Piano

Mlle Bussy. . . . . . .270 rue Richaud
Mme Boulle. . . . . .   5 rue Testard
Mme Caron Arm. .258 r. Legr. Liraye
Mme Croyal R. . . .   4 bis rue Blancsubé
Mme Dau-Amiel. . 63 rue Massiges
M. Le Rycke. . . . . au Saigon-Palace
Mme Poggi . . . . . .136 rue Paul-Blanchy
Mlle Sager . . . .   r. Legr. Liraye

Violon

Mme Boudy . . . . . 52 rue Chass.-Laubat
M. Chevalier . . . .   1 boulevard Galliéni
Mme Fontaine. . . . 42 rue Thomson
Mme Leroy-Pollet.

Violoncelle

M. Le Rycke. . . . au Saigon-Palace

Librairies-Papeteries

Aspar J. . . . . 24 rue Catinat   808
Feuillet L. 67   »   1127
S. I. L. I. 66   »   187
Portail A 193   »   58
Nguyen-van-Cua. . 13 r. L.-Mossard 203
Nguyen-van-Viet. . 59 rue d'Ormay 457
Tin-Duc Thu-Xa. 37 rue Sabourain 669
Thanh-Thanh. . . .120 b. de la Somme

Loueurs d'autos

Vergoz H. . . . . . . 80 r. de Verdun 944
Chu-van-Hai. . . . 51 rue C. Grimaud
Nguyen-van-Co. . .106 r. Champagne 604
Dong-Hai. . . . . . .310 r. Chass.-Laubat

Loueurs de pousses

Nguyen-thi-Lê. . . .183 rue d'Ayot
Nguyen-thi-Y 201   »
Nguyen-thi-Giau. .205   »
Luu-Su. . . . . 40 rue Boresse
Tran-Hanh. 70   »
Nguyen-thi-Dê. . . 84   »
Truong-The. 98   »
Nguyen-van-Mo. .   rue Dixmude
Leopoldi et Delastre 20 r. Garcerie   815

Lunettier

Optique Solirène. .171 rue Catinat   215

Luthiers

Au Ménestrel. . . . . 15 pl. du Théâtre 277
Mélodia. . . . . . . .253 rue d'Espagne

Malletiers

Ng.-nghiem-Ky. . . 85 rue d'Espagne
Nguyen-van-Bê. . .115   »
Do-thi-Thai. . . . . .   rue Jean-Eudel
Pham-van-Cuong. . 73 rue d'Ormay
Au Globe-Trotter. 77   »
Vinh-Thinh. . . . . .   1 rue Paul-Blanchy
Minh-Thinh 207   »
Hop-Loi. 54   »
Nguyen-van-Mai. . 69   »
Pham-van-Tho . . . 22 rue Turc
Truong-minh-Hieu 24   »

Matelassiers

My-Thai. . . . . . . .298 rue Paul-Blanchy
Chanh-Thuy . . . . . 58 boulevard Bonnard
Dao-thao-Vy. . . . . 98 rue Mac-Mahon

SOCIÉTÉ IMMOBILIÈRE
HUI BON HOA

SIÈGE SOCIAL
97, RUE D'ALSACE-LORRAINE
TÉLÉPHONE : 119

Location
d'immeubles

Marbrier

Sté Le Marbre.... 90 r. Massiges   1154

Marchands divers

Alcool (Débits d')

Tran-thi-Hue .... 98 b. Albert 1er
Lam-a-Than ..... 36 rue Am. Courbet
Tan-Thinh ......157 rue d'Arras
Vinh-hiep-Long ...77 rue d'Ayot
Lien-Ich 137   »
Haa-phong-Seng..109bis q. de Belgique
Luong-my-Ky 145   »
Viêt-Lai .... 15 boulevard Charner
Phuong-Toan ....199 rue d'Espagne
Ly-Hiep 213   »
Luc-Nhuc.......42-44 r. G. Guynemer
Ly-Lai 192   »   1139
Van-Lieng.......120 rue Lefebvre
Dong-Hung......131   »
Tran-hoa-My ....124 pl. Maréchal Foch
Thuan-Thanh 126   »
Tuon-Thanh.....132   »
Quang-sanh-Long . 10 rue d'Ormay

Hung-Thanh.....321 rue Paul-Blanchy
Ly-Huong.......343   »
Lam-Nhuan......157 rue de Verdun

Articles pour cultes

Ngo-Vi..........176 r. d'Espagne
Cam-thanh-Hieu.. 51 b. de la Somme
Ha-thoai-Ky..... 57   »

Bambous

Nguyen-ngoc-Ky.. 79 q. de Belgique

Bouteilles

Thanh-phat-Hieu .148 r. Lefebvre
Tran-Xang......162   »

Café

Torréfaction Saig..   7, pl. Théâtre   641
Comptoir Unic....161, r. d'Espagne 841

Caisses pour emballages

Hiep-hoa-Phat .... 30, rue Bourdais

Cannelle

Thanh-trang-Vien 67, r. Chaigneau

Marchands divers *(suite)*

Cercueils

Xuan-Huc...... 63, q. de Belgique
Nguyen-van-Phuc. 88 »

Charbons et bois de chauffage

Nghia-Thanh.... 60, q. de Belgique
Phong-Dien..... 68 "
Nam-Hung......187 "
Lam-thi-Ben.....240 »
Nguyen-van-Det.. "
Quang-Thanh.... 11 rue Boresse
Tran-van-Tri.... 17 "
Tran-thi-Thinh... 77 r. Huynh-q.-Tien
Kim-van-Phat....135 pl. Maréchal Foch
Dan-Tin........271 r. Paul-Blanchy

Chaux

Tan-Thang-Hieu. quai de la Marne

Cordages

Vinh-thu-Ich..... 70 quai de Belgique

Cuirs

Nguyen-van-Ngoc. 82 r. Pellerin 1093

Fers et ferraille

A. Sui......... 35 r. Marchaise
Ich-Seng....... 59 quai de Belgique
Tan-ng.-Thanh... 61 "
Phuoc-ng.-Phat... 69 "
You-Seng....... 73 "
Duc-thang-Long.. 74 "
Tran-tan-Phat.... 76 "
Nguyen-Xuong... 80 "

Lampes

Nguyen-thi-Kinh.. 30 r. R.-Garros 923

Œufs

Quang-ph.-Thanh. 22 b. Kitchener

Oiseaux

Sanh-Thai...... 95 b. de la Somme
Lam-hieu-Tuong.. 23 r. de Phu-Kiet

Paillote

Nguyen-thi-Cua.. route de Cangiuoc

Peaux et cornes

Ong-Tuan....... 84 quai de Belgique

Porcelaine

Truong-Ky.....134 r. Col. Boudonnet
Bazar Singapore..158 »
Hap-Hung......140 »
Au Rayon d'Or.. 66 boul. Bonnard

Porcs

Sanh-Loi.......166 quai de Belgique
Vinh-Loi.......168 »
Hai-Thanh......177 »

Peinture et Produits chimiques

Waelle.........308 q. de la Marne 118
" Le Marin ".... 61 rue Mac-Mahon

Poteries

Chan-Thai......125 quai de Belgique
Phuoc-my-Thanh.138 »
Foc-chanh-My...143 »
Loi-Sanh........158 »
Tran-tam-Hop ... 49 r. Paul-Blanchy

Riz et farines

Hiep-Thanh..... 91 rue Chaigneau
Xu-hoa-Phong ... 81 qu. de Belgique
Ba-Vi..........206 »
Tan-Thanh...... 34 rue Gallimard

Sabots

Tran-Huu....... 93 rue Als.-Lorraine

Marchands divers *(suite)*

Saumure

Sté Lien-Thanh...   q. de la Marne 359
Khanh-Loi 32   »
Cuu-Ky...... .. 24 rue G. Guynemer
Le-man-Ky 32   »
Luong-Bai......114 qu. de Belgique
Quang-sanh-Tuong131   »
Chap-thanh-Phat..137   »
Cam-Phong......151   »
Trang-Hue......153   »
Loi-Ich 161   »
Du-Long........165   »

Savons

Buu-Lien........182 rue Frères-Louis
Thai-Phong......186 quai de Belgique
Viêt-Nam ....150 rue d'Espagne

Thé de Chine

Thai-Ky .... 24 rue Viénot
Huynh-Dac...... 15 rue Schrœder
Phuoc-thuan-Phat. 43   »
Moc-huyen-Chai..154 quai de Belgique

Matériel mécanique

(Marchands de)

Cairns J......... 63 r. Lefebvre   167
Comptoirs Généraux de l'Indochine
                69 rue Catinat   51
Denis Frères d'Ind. 4   »   55
Descours & Cabaud 5 q. de Belgique 83
Poinsard & Veyret.117 b. Charner   121
L'U.C.I.A.....135   »   108
S.I.M.M....... 22 rue Catinat   722

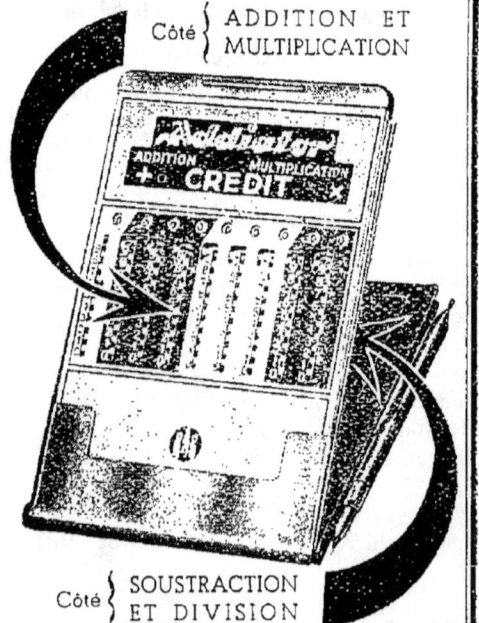

Maternités indigènes

Cô-chin Vinh .... 2 rue Berserio
Thai-thi-Hoa..... 16 »
Tran-thi-Sanh....111 rue Ch.-Laubat
Nguyen-thi-Tien..206 rue Jean-Eudel
Hong-Phuc...... 75 rue Mac-Mahon
Chung-nam-Hue..368 rue Paul Blanchy
Tran-thi-Binh....429 "
Mme Phien......183 rue Verdun

Merceries

Courtinat & Cie...104 rue Catinat 70
Marty (Mme)....116 b. Charner 96
G.M. Charner...135 " 140
My-Loi......... 46 rue Vannier
Nam-nhon-Hoa...227 r. d'Espagne 1151

Modistes

Dang-Tien.......168 b. Albert 1er
Antonini (Mme).. 45 r. Amiral Dupré
Parysette........ 17 rue Amiral-Page
Marie Thanh..... 85 rue Catinat
Josy............136 rue »
Odette.........158B rue »
Aurélia........213C rue " 1090
Thai-van-Bieu....113 rue »
Maison Jud...... 50 rue Charner
Aux deux Claudine 92 b. » 1131
Yvette..........153 b. »
Germaine.......462 rue Ch.-Laubat
Mag........... 76C rue d'Espagne
L'Innovation..... 3 pl. Francis-Garnier
Lecomte (Mme)... 48 rue Lagrandière

madame b. lecomte

Modistes *(suite)*

Ponchain (Mme)..100 rue Mac-Mahon
Balland (Mme) ...216 » 656
Georgette........ 8 pl. Ml-Joffre 728
Marthe ....140 rue Richaud

Mont-de-Piété

S. C. M. I......{ ang. r. M.-Mahon et
b. de la Somme 1190

Nattiers

Fabrinat ....108 rue Lagrandière
Tran-trong-Canh..192 r. d'Espagne 532
Dao-thao-Vy..... 98 rue Mac-Mahon

Objets d'art (Curiosités)

Long-Huu....... 41 rue Catinat
Aux Beaux Arts.. 71bis »
Chauvin P...... 81 »
Faa-Yue ....103 » 536
Wong-Yuk-Ky ...177 « 749
Nguyen-van-Le...136 rue d'Espagne
Duc-Loi ....165 »

Office contentieux

Bloch Albert..... 72 rue Garcerie 1198

Offices de Tourisme

Agence Spielmann.115 rue Catinat 1156
Vergoz .... 80 rue de Verdun 944

SOCIÉTÉ
L'IMMOBILIÈRE DE COCHINCHINE

•

VILLAS A ÉTAGE
sur le plateau, très aérées, véran-
dah, cabinet de toilette p^r chaque
chambre, installation moderne.

COMPARTIMENTS
à étage à usage commercial,
place du Marché Central.

COMPARTIMENTS
à rez-de-chaussée à usage
d'Européens et Indigènes.

LOCAUX & ENTREPOTS
—————— industriels ——————

•

BUREAUX DE LOCATION ET RENSEIGNEMENTS
50, RUE LEFEBVRE, SAIGON - TÉLÉPHONE : 658

Offices immobiliers
(Location d'immeubles)

Sté Immobilière Hui-Bon-Hoa,
                97 r. A.-Lorraine 119
S. I. D. I....... 42 b. Bonnard   133
Agence Immobilière 213 rue Catinat   895
Sté Internationale d'Epargne,
                26 rue Chaigneau 571
Sté Tjia-mah-Yan. 25 rue G.-Guynemer
S. U. F. I....... 24 r. Lagrandière 619
L'Immobilière de Cochinchine,
                50 rue Lefebvre   658
Crédit Foncier.... 32 b. de la Somme 126
Leflemme (Mme).. 184 r. Mac-Mahon 853
O. T. R. I. C..... 31 ter r. A.-Dupré

Opticien

Optique Solirène.. 171 pl. du Théâtre 215

Papeteries *(V. Libraires-Papetiers)*

Pâtisseries *(V. Confiseurs-Pâtissiers)*

Peintres-Décorateurs

Indo-Peinture .... 8 rue Blancsubé 1152
Rabbione........ 20 rue Larclauze 904
Foinet..........156 r. Mac-Mahon 355
Nguyen-van-Quon. 76 rue Amiral-Dupré
Aux Beaux Arts.. 7 bis rue Catinat
Studio Moderna .. 16 rue Jean-Eudel
Nguyen-thien-Tho. 49 r. Legr. Liraye
Huynh-van-Thu ..125   »
Tran-van-Hiep ... 4 rue Mayer   910

Peintres-vernisseurs

Morise . . . . 41 rue Fonck
J. Takono . . . . 358 rue Paul-Blanchy

Pensions de famille

Lutetia . . . . 213 r. Catinat(étage)831
La Chablaisienne. . 172 r. Pellerin

Pharmacies

Pharmacie Normale123 rue Catinat 208
— Solirène 169 » 215
— Centrale197 " 317
Gde Pharmacie de France,
84 rue d'Ormay 425
Pharmacie de l'Indochine,
134 rue d'Espagne
Pharmacie Franco-Annamite du Marché
170 » 782

Pharmacies asiatiques

Ung-xuan-Duong. . 113 b. Albert 1er
Phuoc-Hai . . . . . 147 "
Ve-sanh-Duong. . . 165 »
Nam-thao-Duong . 105 r. d'Als.-Lorraine
Van-bao-Duong . . 147 rue d'Arras
Tam-Hoa . . . . . . 82 "
Chau-Bao . . . . . . 80 rue d'Ayot
Duc-quon-Duong. . 110b quai de Belgique
Phu-duc-Duong. . . 118 "
Thi-bao-Tho. . . . . 124 "
Chi-hoa-Duong. . . 163 »
Ba-thao-Duong . . . 274 »
Hien-hoa-Duong. . 2 rue Boresse
Ich-san-Duong. . . . 5 »
Ly-Huy. . . . . 4 rue Can-Gioc
Quang-thai-Hoa-Duong,
68 rue Chaigneau
Pho-an-Duong . . . 300 rue Ch.-Laubat
Tien-phuoc-Duong 223 rue d'Espagne
Pham-tuan-Luong. 257 »

Huynh-Lau. . . . . . 179 boulevard Galliéni
Bon-Duong. . . . . . 102 »
Po-an-Duong . . . . 12 »
Van-sanh-Duong. . 84 rue G.-Guynemer
Dai-Sanh. . . . . . . 29 »
Vinh-ton-Tam. . . . 33 »
Phu-loi-Duong . . . 65 »
Khanh-sanh-Duong282 rue Lagrandière
Huynh-Luong. . . . 114 rue Lefebvre
Vinh-van-Duong. . 95 »
Trang-thu-Duong . 125 »
Dong-phuoc-Duong125 pl. Maréchal Foch
Ba-phuoc-Duong. . 118 quai de la Marne
Van-minh-Duong . 23 »
Chi-thao-Duong . . 26 rue d'Ormay
Ton-tam-Te . . . . . 38 "
Bao-tin-Duong. . . . 290 rue Paul-Blanchy
Nam-thien-Duong. 323 »
Ky-hoa-Duong . . . 335 "
Quang-te-Duong. . 341 »
Lai-sanh-Duong . . 361 »
Loi-sanh-Duong . 373 »
Ma-thai-Tong . . . . 9 rue Schrœder
Van-sanh-Hoa. . . . 5 »
Van-hoi-Xuan. . . . 25 »
Duc-sanh-Duong. . 88 rue Vannier
Tran-Quang. . . . . . 26 rue Vassoigne
Di-sanh-Duong. . . 153 rue Verdun
Phuoc-lai-Duong. . 169 »
Thien-ta-Duong . . 16 rue Viénot
Van-an-Hoa . . . . . 56 »

Photographes

Khong-Minh. . . . . 118 b. Albert 1er
My-Dung. . . . . . . 113 »
Phuoc-Tuong . . . . 21 r. Am. Courbet
Antoine Giau. . . . 45 boul. Bonnard
Khanh-Ky. . . . . . . 54 » 41
Morise. . . . . 70 »
Artista Photo. . . . 76 »

Photographes (suite)

Photo Nadal.....118 rue Catinat 540
Nguyen-Duyen...138 » 353
Innovat Photo....155 "
Studio Catinat....158c »
Catinat Photo....217 "
In-Ich.......... 78 boul. Charner
Yiem-Yung...... 81 »
I. Dong........ 93 »
Nguyen-v.-Thuan. 120 rue d'Espagne
Ha-Van....... pl. Francis-Garnier
Modern Photo... » 874
Sté My-Quang... 83 r. G. Guynemer
Dakao Photo..... 10 r. M.-Pallières 1000
Marina Photo.... 5 r. Paul Blanchy
Le-van-Hau..... 11 rue Vannier
Nam-tan-Loi..... 74 "

Photographie

(Fournitures générales pour)

Nadal.........118 r. Catinat 540
Dépôt Kodak.... pl. Francis-Garnier
Agence Commerciale de Saigon
68 rue Pellerin 843

Photograveurs

Nguyen-chi-Hoa.. 83 rue Catinat 798
Nguyen-van-Tuc.. 17 rue Amiral-Dupré

Plissages (Ateliers de)

Robert (Mme)....108 rue Mac-Mahon
Liane..........118 b. Bonnard

Prêteurs (Chettys)

Tenapachetty ....103 rue G.-Guynemer
Rettinasababady...202 rue Lagrandière
Ramassamychettyar 7 rue Ohier

Apapoullé....... 13 rue Ohier 1111
Supiachetty...... 21 »
Nagappachetty .... 23 »
Sidambarame chetty 29 »
Pitchappachetty ... 31 »
Meyappachetty.. . 33 »
Kassy-Meyappachetty 39 »
Kamassamychetty.. 46 »
Sattappachetty .... 44 »
Angappachettiar...112 rue Pellerin
Saccalingamechetty.114 »

Phonos (voir Disques)

Professeurs (voir Leçons)

Pompes-funèbres indigènes

Ta-thien-Dê .....261 rue Paul-Blanchy
Nguyen-van-Phuc. 199 rue Verdun

Quincailleries

Nam-hoc-Xuong.. 106 quai de Belgique
Sim-Khai........108 »
Hoa-Sanh.......109 »
Nam-nghia-Hiep..110 »
Tan-xuong-Hieu..111 »
Chiem-Bich......128 »
Lam-Tac........135 »
Ban-phuoc-Long.. 77 b. Charner 393
J. Tran-thi-Loi... 91 »
Ban-phuoc-Long .. 95 »
Khg-man-Cheong.. 97 »
Ku-Lee........107 » 1057
Dong-xuong-Thanh190 rue d'Espagne
Thai-Xuong .....124 rue G. Guynemer

Relieurs

Aspar J. . . . . 24 rue Catinat   808
Adville E. . . . . . . 50 rue Pellerin
Nguyen-van-Chau . 16 b. Galliéni
(*V. aussi Imprimeurs*)

Réparateurs

de Machines à écrire et Coffre-forts

Pham-the-Kinh. . . 17 r. Do-huu-Vi 956
Nguyen-trung-Truc 40 rue G. Guynemer
Nghia-Loi. . . . . . . 44 rue Paul-Blanchy
Truong-van-Bau . . 58   »
Tran-van-Tan. . . .206   »
Do-nhu-Lien. . . . . 91 rue d'Espagne

Restaurants

Saigon-Palace. . . . 8 rue Catinat 593
Continental Palace. 132   »   104
Brasserie H. N. . . 126   »
Bar Catinat. 95   »   926
Au Coq d'Or. . . . 56 boul. Charner 671
Hôtel des Nations. 70   »   323
Au Pagodon. . . . . 55 r. Amiral Dupré
Café des Messageries 1 rue Fonck 855
Modern Hôtel. . . . 35 r. P.-Blanchy 385

G^d Hôtel d'Annam. 117 b. de la Somme 230
A la Petite Taverne   6 pl. R.-Grenouilly
Au Cochon de lait grillé (Blin)
        129 b. Albert 1er 517

Restaurants indigènes

Tho-Ky . . . . 191 b. Albert 1er
Tran-thanh-Huê. . 46 r. Amiral-Courbet
Dong-Loi. 29   »
Nguyen-thi-Cu . . . 39 rue d'Arras
Ahamed Abdoullah 9 rue d'Ayot
Vinh-Lot. . . . . . 86 boul. Bonnard
Vi-Chanh. . . . . . . 6 rue Boresse
Gian-huu-Ky 8   »
Quang-Thanh. . . . 76   »
Vinh-Long. 25   »
Quang-thien-Thanh 49   »
Hôtel Indien. . . . . 95 rue Chaigneau
Thanh-Chau. . . . . 31 r. Colonel Grimaud
Dong-Hung. 65   »
Chi-Thanh. . . . . . 45 rue Do-huu-Vi
Xuong-Hien. 51   »
Lam-phat-Loi. . . . 19 r. Doud. de Lagrée
Nam-Huong. . . . . 126 rue d'Espagne
Long-Tan. 156   »
Hôtel Quang-Hap. 182   »
Phong-Vinh. 202   »
Huynh-Hoa. 209   «
Ly-Boi. 211   »

FRIGIDAIRE

Le premier et seul du nom

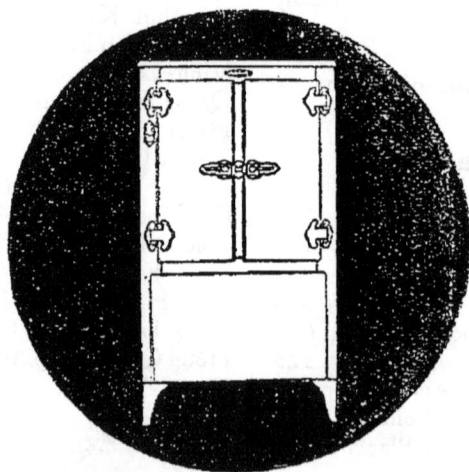

DESCOURS & CABAUD
Représentants exclusifs

Nouvelles facilités de paiement.

Restaurants indigènes (*suite*)

Kim-Long......   1 rue Filippini
Au Dragon...... 79   »
Nhut-Hung...... 21   »
Tin-Nghia.......   9 boulevard Galliéni
Dong-A......... 30 rue G. Guynemer
Hong-Ky........ 54   »
Cai-Ky 56   »
Mang-Hong 64   »
Nguyen-Xuong... 96   »
My-Tuyen......101   »
Nhat-Ky........113   »
Hon-van-An .....142 rue Hamelin
Oriental Bar ..... 12 rue Jean-Eudel
Chez Yokohama.. 11   »
Van-Sanh....... 2   »
Comptoir Hindou.150 rue Lagrandière
Huynh-pham-Ky.. 52 rue d'Ormay
Thai-Binh....... 62   »
Nguyen-thi-Hué .. 60 rue Paul Blanchy
Van-Lock-Yien... 12 rue Pellerin
Yeng-Yeng...... 35-37   »
Ah. Abdoullah... 7 rue Reims
Tan-Tan....... 28 rue Sabourain
Kuon-Nam ...... 1 rue Schrœder
Hung-Loi 11   »
A. Chau...... .. 39   »
Lock-Khuan 47   »
My-Huong ..... 98 b. de la Somme
Minh-Chanh.....106   »
Loi-let.......... 10 rue Vassoigne
Thai-Ho........ 8 rue Viénot

Salons de thé

A la Pagode.....193 rue Catinat   633
Tabarin.........   rue Col. Grimaud

Sculpteurs

Tang-Quang ..... 50 rue Frères-Louis
Aux Beaux-Arts.. 71bis r. Catinat

Selliers-Harnacheurs

Brun E.........110 b. Charner   462
Etablissements Gay 44 r. Lagrandière 388
Lieu-Quoi.......168 rue d'Ayot
Truong-Chau.. ..209   »
Kiem-Thai ......   1 boulevard Galliéni

Serruriers

Tran-hung-Ky.... 70 rue Chaigneau
Tran-duc-Ky..... 55   »
Dang-Ky........ 61   »
Bazerque........111 rue Champagne

Sociétés

(non désignées sous autres rubriques)

Agricoles

Rizeries et Plantations d'Hévéas en Indoch.
               213 rue Catinat   657
Société Sucrière d'Annam
               50 r. Am.-Dupré   70
Agricole et Industrielle de Ben-Cui
Agricole de Song-Ray
Caoutchoucs de Kompong-Thom
               35 b. Charner   1091
Sté des Plantations de Tân-thanh-Dông
               180 rue Ch. Laubat
Société des Caoutchoucs du Mékong
Société des Thés et Cafés du Kontum
               2 rue G.-Guynemer
Plantations Michelin & Cie
               r. J.-Eudel prol. 160
Société des Plantations de Mimot
Société des Plantations de Prek-Khlong
               6 q. L. M.-Vilers
Société des Hévéas de Tayninh
               26 r. Lagrandière 752
Société des Caoutchoucs de l'Inchochine
               7 r. L.-Cazeau 718

ROUES AVANT
INDÉPENDANTES
CARROSSERIES
AÉRODYNAMIQUES

Peugeot

1934

Société agricoles (suite)

Compagnie des Caoutchoucs de Padang
Société des Plantations des Terres Rouges
Société des Plantations d'An-Vien
Compagnie du Cambodge
236 r. M.-Mahon 183
Plantation de Kratié 260r. M.-Mahon 754
Caoutchouc et Cultures en Indochine
35 rue de Phu-Kiet
Plantation d'hévéas de Xuân-Lôc
Plantations Kerhuella
52 rue Richaud
Société Civile des Plantations Brezet
120 rue Richaud
Sté Indochine des Cultures Tropicales
Sté Agricole Franco-Annamite
Les Plantations Indochinoises de Thé
32 b. de la Somme 603
Société Agric. et Industr. de Cam-Tiem
Société Agricole de Tourcham
Sociéte Agricole de Thap-Muoi
19 rue Vannier

Capitalisation

Société Internationale d'Epargne
26 r. Chaigneau 571
L'Extrême-Orient Capitalisation
68 b. Charner 1099

Commerciales

Sté Commerciale des Potasses d'Alsace
121 b. Bonnard 866
Sté Billards Russes 117 »
S. A. des Riz d'Indochine
4 rue Catinat 136
Sté des Ciné-Théâtres d'Indochine
1 rue Catinat 394

Sté du Timbre-rabais « Le Dragon »
213 rue Catinat
Socony Vacuum-Corporation
68 b. Charner 520
Ets Bergougnan...134 r. Ch.-Laubat 490
The Texas Company 9 r. Guynemer 1179
Saigon Waterboat Company
50 rue Lefebvre 174
S. I. N. D. E. X. 3 » 581
Fraser & Neave .. q. de la Marne 520
Cie Franco-Asiatique des Pétroles
15 b. Norodom 116
Sté Commerciale d'Indochine
20 rue Paul-Blanchy
Cie Machines à coudre Singer
135 b. de la Somme 688

Crédit

L'Etoile du Foyer. 38 b. Bonnard 1073
Sté Financière Saigonnaise
Crédit Mobilier Indochinois
Union Financière d'Extrême-Orient
35 b. Charner 1091
Sté Annamite de Crédit
54 rue Pellerin 748
Crédit Foncier de l'Indochine
Crédit Hypothécaire
32 b. de la Somme 603

Gérance

Agence Financière d'Indochine
213 r. Catinat 657
Sté Indochinoise de Contrôle et de Gestion
Union Financière d'Extrême-Orient
35 b. Charner 1091

Sociétés *(suite)*

Immobilières

Sté Immobilière Hui-Bon-Hoa
91 r. A.-Lorraine 119

Sté Immobilière de l'Indochine
42 b. Bonnard   135

Sté Immobilière Rauzy & Ville
15 q. de Belgique 289

Sté Immobilière A. Courtinat
104 rue Catinat   70

Agence Immobilière de l'Indochine,
213 rue Catinat   895

Sté Foncière Saïgonnaise,
La Cochinchine Immobilière,
35 b. Charner   1091

Sté Immobilière Tjia-Mah-Yan,
25 r. G. Guynemer 639

Sté l'Urbaine Foncière Indochinoise,
24 r. Lagrandière 219

Sté l'Immobilière de Cochinchine,
50 rue Lefebvre   660

Cie Générale Immobilière de Saigon,
104 r. Mac-Mahon 268

Cie Foncière d'Indochine,
81 rue Richaud 1040

Crédit Foncier de l'Indochine,
32 b. de la Somme 603

Industrielles

Sté Cotonnière du Tonkin,
30 b. Charner   72

Cie du Caoutchouc Manufacturé
140 r. Douaumont 327

Sté d'Oxygène et d'Acétylène d'Extrême-
Orient. . . . . . .   r. Heurteaux   414

S.T.A.C.I.N.D.O.   rue Héraud   724

Ateliers Maritime de Phu-An
50 rue Lefebvre   174

Sté des Grands Travaux de Marseille
260 r. Lgr. Liraye 875

Sté Industrielle des Bois & Fibres
308 q. de la Marne 118

Cie des Eaux et Electricité de l'Indochine
72 r. P.-Blanchy 106

Sté des Sucreries et Raffineries de l'Indochine. . . . . 35 rue Phukiêt

Sté p' l'Outillage du Port Saigon-Cholon
3 b. de la Somme 171

Minière

Omnium Minier d'Indochine,
213 r. Catinat   657

Navigation et Transport

Air-France . . . . . .   4 rue Catinat   911

Cie Aérienne Frse.   1 rue Chaigneau

Messag. Maritimes.   2 rue Jean-Eudel 77

Sté des Affréteurs Indochinois
50 rue Lefebvre   174

Cie Saigonnaise de Navigation et Transport
5 q. Le M. de Vilers 60

Chargeurs-Réunis . 15   »   97

Cie Française des Tramways de l'Indochine
138 r. P.-Blanchy 129

Cie des Voies Ferrées de Cochinchine
32 b. de la Somme

Surveillance

Sté Générale de Surveillance,
26 r. Lagrandière 864

A la demande de ses clientes et pour empêcher que l'action salutaire de sa crème et de sa poudre soit contrecarrée par l'usage d'un savon mal approprié, **THO - RADIA** vient de créer le

SAVON
THO-RADIA

à base de THORIUM et de BAUME du PÉROU

**Formule du Docteur
Alfred CURIE**

Le Savon
de 100 grs. **0$45**
dans sa boîte

Les 3. . **1$30**

Par sa pureté, sa douceur et sa valeur hygiénique, le savon **THO - RADIA** prémunit contre toutes les altérations de l'épiderme : dartres, irritations, rougeurs, infections, gerçures, prépare la voie aux applications quotidiennes de **CRÈME** et de **POUDRE THO-RADIA** en leur garantissant le maximum d'efficacité.

EXCLUSIVEMENT CHEZ LES PHARMACIENS

Soieries (Magasins de)

Au Rayon d'Or.. 66 b. Bonnard
Au Tisseur...... 82 » 674
Nam-Hung......118 »
Nam-thuan-Long.. 120 »
J. Kimatrai et Cie. 48 rue Catinat 1165
Au Chic Bombay. 60 » 1098
A. Courtinat..... 104 » 70
Delignon........183 »
Taiyeby Frères... 85 » 892
Mme Vve Marty.. 116 b. Charner 96
Gd Mag Charner. 135 » 140
J. T. Charai et Cie. 138 rue d'Espagne
Pohomull-Frères.. 140 »
Linh-Ky........ 55 rue G. Guynemer
Nam-Nguyen..... 59 »
Dinh-Hung...... 101 bis r. Lagrandière
A la Maison Rouge. 9 rue Lefebvre
Duc-Thinh ...... 20 r. Roland-Garros
Hua-Lieu ....367 rue Paul-Blanchy
Nam-thanh-Loi... 62 rue Vannier
Le-van-Bau..... 70 »
Truong-ph.-Thanh. 34 rue Vassoigne
Chotirmall & Cie.. 34 rue Viénot 485
Nihalchand Frères. 32 » 1098
M. Ismaël Frères.. 38 » 185
Dainan Koosi..... 46 » 840

Stations-service

Auto-Accessoires.. 61 rue Pellerin
Ets. J. Comte.... 34 b. Norodom

Stevedores

Tran-van-Sang ... 146, rue Marchaise 941
An-Hung .... 12bis r. J.-Eudel 1157
Ah-Young.......148 rue Lefebvre 247
Ah-Thom & Cie.. 20 rue Pelierin 211

Stoppage

Mme Borne...... 7 impasse Garcerie

Tailleurs

Georges Mercier.. 29-31 r. Catinat 337
G. Mag. Charner. 134 b. Charner 140
Thuan-Thanh.... 58 boul. Albert 1er
An-Thanh.......132 »
Thanh-Hung..... 140 »
Adam..........150 »
Van-Hoa.......152 »
Quan-Phu.......178 »
Phuoc-Loi.......186 »
Pham-duc-Suy.... 93 »
Phu-Hung......153 »
Phuoc-Nguyen... 14 r. Amiral-Courbet
Nha-Nam....... 16 »
Doan-thanh-Tao.. 43 »
Huu-Loi........ 47 »
Duc-Tai........ 60 rue Amiral-Dupré
Tran-Hang...... 19 »
Ly-Giang....... 21 »
Tran-On........ 23 »
Thich-Ba....... 29 »
Chau-Co........ 31 »
My-Hop........ 47 »
Hiep-Phu....... 26 rue d'Arfeuille
Quang-ph.-Thanh. 30 »
Dong-Hiep...... 49 ' »
Thanh-Hoa...... 116 quai de Belgique
Tan-lap-Thanh... 270 »
A La Maison Grise. 12 boul. Bonnard
Noi-Due........ 16 »
Madame Mut.... 18 »
Saigon-Mode.... 80 »
Tan-Thanh...... 90 »
Thuong-Ngoc.... 108 »

Tailleurs (suite)

Tan-Thanh...... 96 rue Boresse
My-hiep-Thanh..106   "
Thai-Xuong..... 23   "
Vinh-phuoc-Thanh 37   "
Nu-lap-Thanh....163 rue Bourdais
Ha-Thanh....... 11 rue Carabelli
Dai-Tho (dames). 15   "
Xuan-Mai....... 4   "
Yen-Tu........ 37 rue Catinat
Ly-Vien........ 47   "
Luong-Tan...... 89   "
Au Grand-Chic..101   "
Tai-lap-Thanh... 97 r. Chas.-Laubat
Le-dinh-Phuong.. 42 boulevard Charner
Au Chic Mode... 74   "
Ha-Ky......... 76   "
Minh-Chau...... 43   "
My-Thanh 83   "
Adam Mode..... 49 rue Col. Grimaud
Au Chic Saigon.. 37 rue Do-huu-Vi
Tan-hiep-Xuong.. 39   "
A. Ling........ 43   "
Vo-van-Hao.....176 rue Duranton
Phan-ba-Luong...118 rue d'Espagne
Nam-Thanh...... 93   "
Tan-Minh......248   "
Ly-Lang.......219   "
Tan-phat-Tuong..235   "
Phan-Ba..... .171   "
My-Kong.......251   "
Huynh-Hoa 271   "
Vinh-Hung.....273   "
Tran-thai-Nguyen.103   "
Au-My......... 18 rue Fonck
Le-quang-Xuan... 10 b. Galliéni
Trinh-ngoc-Que... 68 rue Garcerie
Au Chic Guynemer 58 rue G.-Guynemer

Mau-Hoa....... 62 rue G.-Guynemer
Mien-xuong-Hieu. 94   "
Tan-dai-Hoa..... 99   "
Thai-Xuong..... 15 rue Heurteaux
Yen-De......... 1 rue Jean-Eudel
Nhon-Long...... 15   "
Viet-Tan........ 82   "
Dong-Viet......202   "
Tran-dun-Nga.... 11   "
Tran-van-Dinh ...124 rue Lagrandière
Truong-An......280   "
Due-Loi........ 2 rue Lareynière
Tien-Vinh.......150 r. Lgr. de la Liraye
Xuan-Thinh.....164 rue Marcel Richard
An-My......... 99 pl. Maréchal-Foch
Huynh-ngoc-Nu..115   "
Nam-Ky.......129   "
Vo-van-Hong.... 13 quai de la Marne
Tran-ngoc-Hoa... 13 r. M. de Pallières
Nam-Thinh......120 rue Mayer
Tran-vinh-Thai... 73   "
Nghia-tai-Thanh.. 77   "
Tran-Kieu....... 1 rue d'Ormay
Tong-Tac....... 3   "
Luong-Nam...... 21   "
Tran-Nhan......   "
Luong-Xan...... 23   "
Huynh-Thoai.... 43   "
Phung-thai-Muoi.. 55   "
Tien-Duc 91   "
Duong-Kim...... 46 rue Paul-Blanchy
Luong-Tri....... 50   "
Luong-Hoa...... 52   "
Luong-Phat...... 56   "
Luong-Phan 64   "
Tran-Cac........ 66   "
Phuc-Loi........ 68   "
Thai-Hoa 206   "
Hiep-phuoc-Thanh236   "

Tran-Khiêu...... 21 rue Paul-Blanchy
Huynh-Luan..... 87   „
Tran-Cuu 93   „
Duong-Nhuc..... 95   „
Tan-Minh.......201   „
Ninh-binh-Loi....359   „
Dong-Tham(dames) 63 rue Pellerin
Thai-Binh....... 15 r. Roland-Garros
Trieu-Thanh..... 17   „
Tan-Phu........ 23   „
Hang-Thai 61   „
Tan-thanh-Loi.... 88 b. de la Somme
Quang-hoa-Ung... 94   „
Nam-Xuan......108   „
Huynh-Phuoc.... 2 rue Turc
Luong-Quan 18   „
Ly-Kong........ 14   „
Phong-Tân...... 3 place du Théâtre

Nam-Long....... 72 rue Vassoigne
Hoa-Thuong.....108bis   „
Tan-Hung.......175 rue Verdun

Tailleur de pierre

Hop-Hung...... 96 quai de Belgique

Taxidermiste

Au Tigre d'Or...187 r. Marcel-Richard

Tissus divers (V. Etoffes)

Traducteur assermenté

Pho-cao-Toan....116 rue Lagrandière

Teinturerie-Dégraissage

Teinturerie Catinat 135 rue Catinat
Lecuir (Mme) . . . . 21 r. Lgr. de la Liraye
Raymonde (Mme). 4 pl. Maréchal Joffre
Van-Loi . . . . 13 r. Paul-Blanchy
Phung-van-Thuyet. 5   "
Izumiya . . . . 64 rue Garcerie
Trinh-ngoc-Que . . . 68   "

Transitaires et Transporteurs

Mac-Nhieu . . . . . . 36 r. Amiral-Courbet
Nguyen-Nghi . . . . 192 quai de Belgique
Simon-Piétri . . . . . 158 rue Catinat   381
Ong-Tich . . . . 23 b. Charner   184
Berger H. 40   "   134
Truong-tong-Kién . 49 rue Chaigneau 406
Ortoli . . . . 49 rue d'Espagne 976
Merle R. E . . . . . 4 r. Jean-Eudel 472
Lam-van-Hau 80   "   623
Vidal M 2   "
Quach-Cam . . . . . . 56 rue Lefebvre 799
Bourguet Marcel . . 19 q. L.M.-Vilers 346
Desplanches. . . . . . 145 rue de Louvain
Nguyen-van-Nam . 10 rue Mayer
Huynh-van-Don . . 134   "   · 541
Pham-ha-Huyen . . 36 rue Sabourain 231
Chauky & Cie . . . . 33 b. de la Somme 492
Tong-Yue . . . . 66 rue Lefebvre 1083
Wah Ych 25   "   378

Vanniers-Rotiniers

Duong-Pham . . . . 55 r. Chaigneau

Tran-Lang . . . . . 53 b. Charner
Chung-Buu . . . . . . 45 r. d'Ormay
Tran Phat 51   "
Tran-Long . . . . . . 14 r. Turc
Tang-quang-Huu. . 9 r. Vannier

Verreries

Dainan-Koosi . . . . 46 r. Viénot   448

Verriers-Vitriers

Poinsard & Veyret.117 b. Charner   121
Van-phuoc-Thanh. 87   "
Dong-ph.-Thanh. . 101   "
Tan-tan-Hieu 103   »
Lai-Minh 109   "
Nhut-tan-kien-Kin. 11   "
Nghia-Sanh . . . . . . 19 rue Schrœder

Vins en gros

Denis Frères . . . . . 4 rue Catinat   55
L. Berthet & Cie . 165   "   730
Poinsard & Veyret 117 b. Charner   121
L'U.C.I.A 135   "   108
Vidal (Mme) . . . . . 80 r. Ch.-Laubat 966
La Roussillonnaise.151 rue d'Espagne 354
Bézard A. 122   "
Entrepôt Vinicole. 16 r. P.-Blanchy 836
Caves du Sahel . . . 216 rue Richaud 983
Ets. Boy-Landry. . 19 pl. du Théâtre 173

JOURNAUX ET PÉRIODIQUES

Langue française

Quotidiens :

La Dépêche . . . . . 25 r. Catinat   816
L'Impartial 64   »   239
L'Opinion . . . . 146 rue Pellerin   109
Bulletin officiel de la Ch. de Commerce.

Tri-hebdomadaire :

La Tribune indochinoise
         72 r. Lagrandière 696

Bi-hebdomadaires :

L'Alerte . . . . 201 r. Fr.-Louis   725
L'Aurore indochinoise
         10 Chemin des Dames

Hebdomadaires :

La Presse indochinoise
         16 r. Colombert   708
Le Populaire d'Indochine
         100 rue Lagrandière
Saigon-Dimanche . . 209   »
La Lanterne . . . . . 282 b. Galliéni
L'Annam . . . . 73 rue Mac-Mahon
L'Indochine nouvelle 53 r. Roland-Garros
L'Information d'Indochine économique et
   financière . . . . . . 213 rue Catinat   657
Saigon-Sportif . . . . 25 rue Catinat   816

Sports d'Indochine. 46 r. Lagrandière 688
Les Pages catholiques 3 r. Blancsubé 1144
Bulletin Police criminelle.

Périodiques :

L'Asie nouvelle . . . 84 rue Mac-Mahon
L'Inde illustrée . . . 34 rue Garcerie
La Revue du Fonctionnaire indochinois
         120 r. N.-t.-Nghiêm 1112
La Revue de l'Automobile
         137 b. Charner   745
L'Echangiste . . . . . 25 rue Barbier
Bulletin de quinzaine de la Chambre
   de Commerce.
Bulletin de la Chambre d'Agriculture.
Feuille mensuelle de Renseignements de
   l'Office Indochinois du Riz
         1 r. Lgr.-Liraye 600
Bulletin du Syndicat des Planteurs de
   Cochinchine . . . 21 r. Chas.-Laubat
Bulletin de la Sté des Etudes indochinoises.
Bulletin mensuel des Associations d'Aide
   mutuelle et d'Assistance sociale de
   Cochinchine . . . . 59 r. Chas.-Laubat
Bulletin de l'Amicale Cochinchinoise des
   A. Combattants. 23 b. Norodom   539
Bulletin de l'Association mutuelle des Em-
   ployés du Commerce et de l'Industrie.
Saigon-Cyrnos (Bulletin de l'Amicale corse).

Langue annamite

Quotidiens :

Công-Luân......146 rue Pellerin   109
Duoc-Nhà-Nam .. 72 r. Lagrandière 558
Saigon.......... 39 r. C. Grimaud 620
Luc-Tinh Tân-Van 13 r. Lucien Mossard

Hebdomadaires :

Phu-Nu Tan-Van. 65 rue de Massiges
Van-Dong Bao... 21 rue Amiral-Roze
Sai-Thanh Hoa-bao 96 rue Mac-Mahon
Viet-Dân .... 45 r. Aviateur Garros
Hoan-Cau Tan-Van 60 boulevard Bonnard
Cung-Ban .... 7 rue de Reims
Công-Giao Dong-Thinh
            91 bis rue Pellerin
Nam-Ky Dia-Phan 289 rue Paul-Blanchy

Périodiques :

Tu-Bi Am.......149 rue Douaumont
Niet-Ban Tap-chi. 166 rue Legr. Liraye
Trong Khue-Phong 89 rue Mac-Mahon
Khoa-hoc Pho-thong 29 rue Pierre
Su-Pham Hoc-khoa Direct. Enseignement

Langue chinoise

Quotidiens :

Tchong Kouo Je Pao (L'Information chinoise
    de Cochinchine) 10 b. Gaudot, Cholon
Min-Pao (Gazette chinoise de Cochinchine)
            136 r. Marins, Cholon
Hoa-Kiao Je Pao (Journal chinois de
    Cochinch ne)... 65 b. Gaudot, Cholon
Cong-Lun-Pao (L'Opinion chinoise)
            65 b. Gaudot, Cholon

Visitez les célèbres **RUINES D'ANGKOR** et n'oubliez pas de descendre au

NEW SIEMRÉAP HOTEL

LE MIEUX SITUÉ - CONFORTABLE - SERVICE SOIGNÉ

Cuisine française dirigée par un excellent Chef
Tarif Hôtel : Par jour : 1 pers. $7 ; 2 pers. $12

•

TOURISME VERGOZ

Sole transport Contractors in Indo-China to :

Messrs Thos. Cook & Son Ltd. - The American Express Company Inc. - The Borneo
Company Ltd. - Raymond-Whitcomb Inc. - The Bristed-Manning Travel Service
Hamburg American Line - The Succrs. of Moine Comte & Co.

Latest and accurate informations supplied
free of charge on Travel in Indo-China
and on Big Game Hunting

80, Rue de Verdun
SAIGON - Tél. : 944

EXCURSIONS

On peut en automobile, durant l'escale, effectuer de jolies promenades aux environs de Saigon (centre touristique important), au Cap Saint-Jacques (magnifique plage de sable fin), au Cambodge (ruines d'Angkor), et en Annam, région des plus pittoresques. Certaines de ces excursions laisseront d'inoubliables souvenirs au voyageur émerveillé.

LE TOUR D'INSPECTION

Route circulaire en bordure des territoires de Saigon, Giadinh et Cholon (parcours 20 km. environ). On quitte la ville par le pont de Phumy, sur l'Avalanche, ou par le pont de Dakao. On traverse Giadinh et, par une belle route ombragée, bordée de coquettes constructions, on arrive au tombeau de Le-van-Duyet, célèbre général de Gialong, puis au tombeau de l'Evêque d'Adran, très intéressant à visiter. Tout près se trouvent l'aérodrome de Tan-son-Nhut et les bâtiments du Service des Haras. Plus loin, traversée des champs de bataille de Chi-Hoa, plaine des Tombeaux, station de T. S. F. de Phu-Tho. Enfin, on arrive à Cholon, cité industrielle et commerciale surpeuplée de Chinois, très pittoresque le soir, et qu'il est intéressant de visiter en détail.

Retour à Saigon, soit par le boulevard Galliéni, soit par la Route basse, en bordure de l'Arroyo chinois, tout grouillant de jonques, ou encore par le boulevard Frédéric Drouhet prolongeant vers Cholon la rue Chasseloup-Laubat.

THU - DUC

Thu-Duc, avec l'attrait de lieux de plaisir tels que le *Mikado* (dancing) et *La Cascade* (piscine, dancing et restaurant), est la promenade favorite des Saigonnais et des touristes de passage. Distance : environ 15 km. Sortie par le pont de Dakao. Après Giadinh, on passe devant le *Lido*, dancing et piscine très fréquentés. Un peu plus loin on traverse la Rivière de Saigon sur le grand pont de Vinh-Loi. Peu avant Thu-Duc, à gauche de la route, se trouve le *Mikado*. Voir à Thu-Duc quelques coins pittoresques, la villa Montjoie-Saint Denis, l'Hermitage, etc... Puis, partant du marché, la route monte en lacets, traverse de jeunes plantations, pour arriver à *La Cascade*, établissement de bains situé dans un cadre ravissant, avec dancing, restaurant et superbe piscine alimentée en eau courante.

Retour par la route de Laithieu et Giadinh.

CHUTES DE TRIAN

A 60 km. environ de Saigon. Route excellente par **Thu-Duc** et **Bienhoa**. Dans cette dernière localité, prendre la deuxième rue à droite. A la sortie de Bienhoa, la route monte vers le plateau de Binh-Thanh, où se trouve le camp d'aviation de l'escadrille N° 2. Traversée du village de Binh-Thanh, où l'on prend la route, direction Est, rejoignant en ligne droite la rive du Donnai. Après le village de Dai, on pénètre dans la grande forêt, et quelques kilomètres plus loin, au sommet d'un petit plateau boisé, on atteint le bungalow de Trian.

D'un énorme banian, aménagé en belvédère, on domine à pic les chutes de Donnai, véritablement grandioses à cet endroit, les eaux sautant de 8 mètres sur une largeur de 30 mètres.

Les touristes désirant s'y restaurer devront apporter eux-mêmes leurs provisions, le bungalow existant ne pouvant fournir que vaisselle, service de table et mobilier.

TAYNINH

A 100 km. On quitte Saigon par la route coloniale N° 1 (route de Pnompenh). On passe devant l'ancien Champ de courses et la station de T. S. F., à Phu-Tho. Au km. 8, Bakeo et, au km 33, Cu-Chi. On arrive à Trang-Bang, centre important, point de jonction de deux routes conduisant à Tayninh : la *Route basse*, entièrement asphaltée, longeant le Vaïco oriental (route coloniale N° 22, Saigon - Angkor par Kompong-Cham) traversant les plantations des Hévéas de Tayninh ; la *Route haute*, passant par Bao-Don (km. 70) où sont les « Plantations de la Route haute ». A 4 km. avant d'arriver à Tayninh se trouve le centre religieux du Cao-daïsme et, non loin de là, la source Séville qui alimente une piscine en pleine forêt.

On peut, à pied, faire l'ascension de la montagne de Tayninh (900 m. d'altitude environ) jusqu'à mi-hauteur, où il existe une fort curieuse

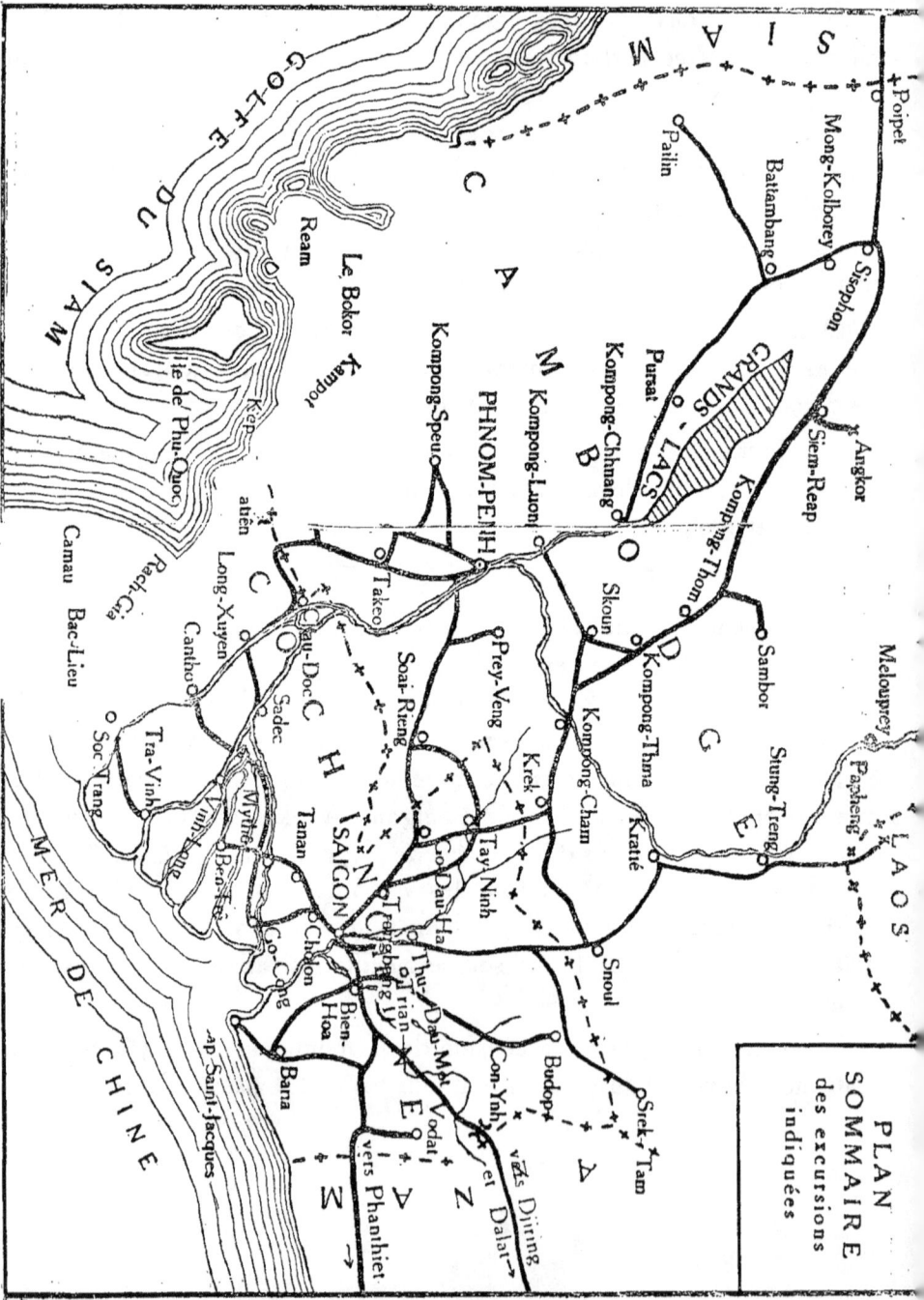

PLAN
SOMMAIRE
des excursions
indiquées

pagode, dite de la Dame noire, centre de pélerinage renommé dans tout le Sud-Indochinois. Une route, assez pittoresque, permet d'effectuer en automobile le tour de la montagne, par Tayninh - Kédol - Suoi-Da (45 km environ).

CAP-SAINT-JACQUES

A 123 km. Station balnéaire très fréquentée. Centre militaire important. Sortir de Saigon par le pont de Dakao, direction Thuduc. A Bienhoa, pittoresquement bâtie sur les rives du Donnaï, prendre la première rue à droite (devant l'Ecole d'Art) ; puis, un peu plus loin, abandonner la route coloniale N° 1, qui continue vers Phanthiet, et prendre la route coloniale N° 15. On passe successivement devant l'usine de la Bienhoa Industrielle et Forestière et de nombreuses plantations d'hévéas.

Au km. 60, Longthanh et au km. 101, après une série de virages accentués, Baria, chef-lieu de province, centre pittoresque au milieu de

hauteurs boisées. A la sortie de Baria, tourner à droite. Après quelques ponts et virages assez prononcés, la route traverse une région marécageuse de palétuviers, s'enfonce sous bois, puis on arrive au Cap, devant la plage dite des Cocotiers. Une autre plage, dénommée Ti-Wan, réputée dangereuse, est située de l'autre côté du massif du Phare. On peut, à pied ou en voiture, et par une route des plus pittoresques, faire l'ascension du massif. Une excellente route contourne les deux collines avoisinant le Cap; son parcours, d'une vingtaine de kilomètres, constitue une promenade des plus intéressantes, avec de superbes échappées sur la mer.

PHANTHIET

A 200 km. environ, par la route coloniale N° 1. Sortir par Dakao et Giadinh. Après Bienhoa, laisser à droite la route coloniale N° 15 conduisant au Cap Saint-Jacques. On traverse les villages de Trangbom et Xuanloc, au km. 80, région de terres rouges. Nombreuses plantations d'hévéas. Laisser à gauche la route coloniale N° 20, puis, à droite, la route locale N° 2, dite route Chesne, aboutissant à Baria. Au km. 99, laisser à gauche la route locale N° 3 conduisant à Giaray. Belle forêt, très épaisse et giboyeuse.

Au km. 130, on pénètre en Annam ; la route devient moins bonne. Après 40 km. de forêt clairière, et une vingtaine de petits ponts qu'il peut être dangereux de franchir à grande allure, on arrive à Phanthiêt. Hôtels confortables ; belle plage.

Voir, aux environs : la Villa du Duc de Montpensier, nid d'aigle au sommet d'un rocher dominant la mer ; les falaises rouges ; les sources chaudes de Vinh-Hao, le Vichy indochinois ; la corniche de Cana, d'aspect méditerranéen ; les villages chams, riches en curieux monuments. Faire l'ascension du massif du Cap Paradan, d'où l'on découvre un

panorama splendide, et la montée du Djiring, par la pittoresque route des cols. Contrée giboyeuse, repaire des plus beaux spécimens de la faune indochinoise.

DALAT

A 310 km. de Saigon, par la nouvelle route, Dalat est le siège de la Résidence du Langbian et la villégiature de repos des Saigonnais. Station climatique très recommandée à 1.500 m. d'altitude. Légumes et fleurs y poussent en abondance, et son climat tempéré donne à l'Européen l'illusion de vivre au pays natal.

Pour se rendre à Dalat, emprunter la route coloniale N° 1 par Giadinh, Thuduc et Bienhoa, direction Phanthiêt. Après Xuanloc, prendre, à gauche, la route coloniale N° 20, très belle sur tout le parcours. Au km. 103, pont sur la Lagna. Lieu pittoresque où se trouve un bungalow fort apprécié des chasseurs. Forêt dense et giboyeuse. Au km. 170, forte montée en lacets pour accéder au col de Blao (ravitaillement essence). La route traverse de nombreuses plantations de caféiers et l'on arrive, au km. 225, à Djiring, en pays moï, à 1.000 m. d'altitude. Garage. Bungalow. Bureau de poste. Siège d'un délégué administratif. Rendez-vous de chasse. [1]

Continuant sur le plateau de Djiring, encerclé de vertes montagnes aux cîmes imposantes, on arrive au Danhim, que l'on franchit en bac. Voir, plus loin, les superbes chutes de Gougah, puis celles de Lien-Kang. On traverse Fimnon. A la sortie, laisser à droite la route conduisant à Dran et Bellevue. La forêt de pins s'étale à l'infini, couvrant les flancs des montagnes, de plus en plus serrées. Dans le fond des ravins, coulent de clairs ruisseaux d'eau fraîche. L'air devient vif, et le voyageur devra se vêtir en conséquence. A 10 km. avant Dalat, et sur le point d'accéder au plateau du Langbian, très forte montée avec virages dangereux.

Parvenu au faîte du dernier mamelon, le touriste émerveillé découvrira un site des plus enchanteurs, tout un essaim de coquettes villas fleuries, de chalets rustiques nichés dans l'éternelle verdure, et, tout au milieu, l'étendue fraîche et reposante d'un beau lac que trouble à peine le majestueux glissement de quelques cygnes.

Palace et hôtels y sont des plus confortables, et l'on peut, en outre, pour un long séjour, y louer quelque villa meublée. Tennis, golf, chasse, pêche et autres divertissements, ajoutent à l'agrément des villégiatureurs. On peut, à pied, effectuer d'exquises promenades dans les pinèdes avoisinantes et, en voiture, celle dite du Tour de chasse où il n'est pas

---

(1) Un guide de chasse réputé, chasseur émérite par surcroît, M. Plas, demeure à Djiring.

rare de rencontrer, vers la tombée du jour, des troupeaux de cerfs broutant paisiblement.

Ne pas manquer de visiter les chutes du Camly et d'Ankouët, la ferme-modèle du Camly et, si possible, faire l'ascension des pics, à 2.200 m. d'altitude.

PNOMPENH

A 245 km. de Saigon, par la route coloniale N° 1. Sortir par la rue de Verdun (ancien Champ de courses). On passe successivement les villages de Baqueo, Hocmon, Cuchi et Trangbang ; peu après, Go-dau-Ha (grand pont sur le Vaïco oriental) et, dix kilomètres plus loin, on pénètre en territoire cambodgien. Vaste plaine inculte s'étendant à perte

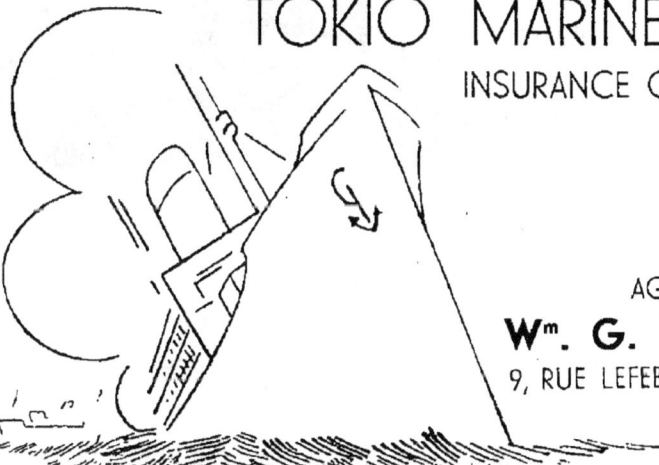

de vue. Au Km. 116, après
avoir franchi le Vaïco occidental,
on parvient à Soairieng, chef-lieu
de province et centre commercial
important.

Plate et monotone, en forme
de digue, la route traverse une
région dénudée souvent inondée
en saison des pluies. Au Km. 112,
Kompong - Trabeck, puis
Kompong-Sing. On arrive ensuite à Neak-Luong (Km. 185).
Traversée du Mékong, large de
1.100 mètres, en bac à moteur,
dit bac de Banam. La route,
longeant le Mékong, devient
plus pittoresque : villages et
pagodes se succèdent durant le
parcours. Au Km. 240, arrivée
au Bassac, que l'on franchit sur
un très beau pont en ciment,
large de 290 mètres. Peu après,
laissant à gauche la route con-
duisant à Takeo, on atteint le quartier de Petit Takeo, et Pnompenh.

Construite aux Quatre-Bras, point de réunion du Tonlé-Sap, du
Mékong et du Bassac, la capitale cambodgienne est une très jolie ville
d'aspect agréable, bien ombragée, ornée de curieux édifices de style local.
Le touriste ne manquera pas de visiter :

Le Phnom, remarquable pagode érigée au sommet d'une colline artifi-

cielle haute de 27 mètres, accessible par de larges escaliers et entourée d'un superbe parc aménagé en jardin botanique ;

Le Palais royal, de construction moderne, bâti sur l'emplacement d'une citadelle ; le Palais du Trône, surmonté d'une tour de 59 mètres curieusement décorée ; la Salle des fêtes et la somptueuse Pagode d'argent.

ANGKOR

A 325 km. de Pnompenh et à 560 km. de Saigon. Partant de Pnompenh, on quitte la capitale par le quai Lagrandière et le faubourg de Russey-Ko, par la route coloniale N° 1. Route plate se déroulant à travers la campagne généralement boisée. Au Km. 32, Pean-Lovek. Prenant à droite la route coloniale N° 1 bis, direction Kompong-Thma, on franchit en bac le Tonlé-Sap, large de 600 mètres. A l'autre rive, le village de Prek-Kdam. A nouveau, la route est en remblai, en forme de digue, traversant une plaine marécageuse sans intérêt. Au Km. 48, laisser à droite la route conduisant à Roha-Kong. Au Km. 54, pont en fer de 117 m. Au Km. 77, Skoun, village important. Laisser à droite la route conduisant à Kompong-Cham. Toujours en terrain plat, la route présente parfois des aspects variés et assez agréables. On arrive ensuite à Kompong-Thma (Km. 130), point de jonction de la route venant de Tayninh et passant par Kompong-Cham. Voir, dix kilomètres plus loin, et à gauche de la route, les ruines de l'ancienne pagode de Khrum-Prasat. Au Km. 142, le joli village de Tang-Krassang. On arrive ensuite, après 15 km. de plaine marécageuse, à Kompong-Thom, chef-lieu de province. Traversée du Stung-Sen sur un pont en ciment de 150 mètres.

Au Km. 172, laisser à droite la route locale N° 2 conduisant aux imposantes ruines de Sambor. On traverse le Stung-Srakomon au Km. 183, et le Stung-Stoung à Kompong-Chen. A Kompong-Kdey, pont en pierres sur le Stung-Chikreng. Ruines de Prasat-Praptos.

Route unie, de faible intérêt. Durant le parcours on aperçoit de plus en plus des ruines de pagodes. Au Km. 310, on atteint Siemréap, chef-lieu de province, sur les bords de la rivière du même nom, traversant la région d'Angkor, pittoresque et riante ville où le touriste trouvera bon gîte et bonne table.

Enfin l'on arrive aux merveilleuses ruines d'Angkor, d'un intérêt artistique et archéologique sans égal. Ruines émouvantes, grandioses, inconcevables, vestiges d'un passé fabuleux, hallucinant...

Visiter la monumentale Angkor-Vat, édifiée au XIIe siècle pour être dédiée au culte de Vichnou, et la célèbre chaussée des Nagas, longue de 235 mètres ; Angkor-Thom, la ville royale, dans une enceinte fortifiée percée de cinq portes monumentales, et ses splendides terrasses du Roi Lépreux et des Eléphants ; la colossale pyramide que forme l'ensemble du Bayon ; les temples de Ta-Promh, Banteai-Kdeï, Prah-Khan, etc... (1)

(1) Pour une description détaillée, nous renvoyons aux ouvrages très documentés de George Groslier, aux magnifiques albums de Nadal et à L'Indochine moderne, de Teston et Percheron, que l'on peut se procurer à la Librairie Aspar, 24, rue Catinat, à Saigon.

TABLE DES ANNONCEURS

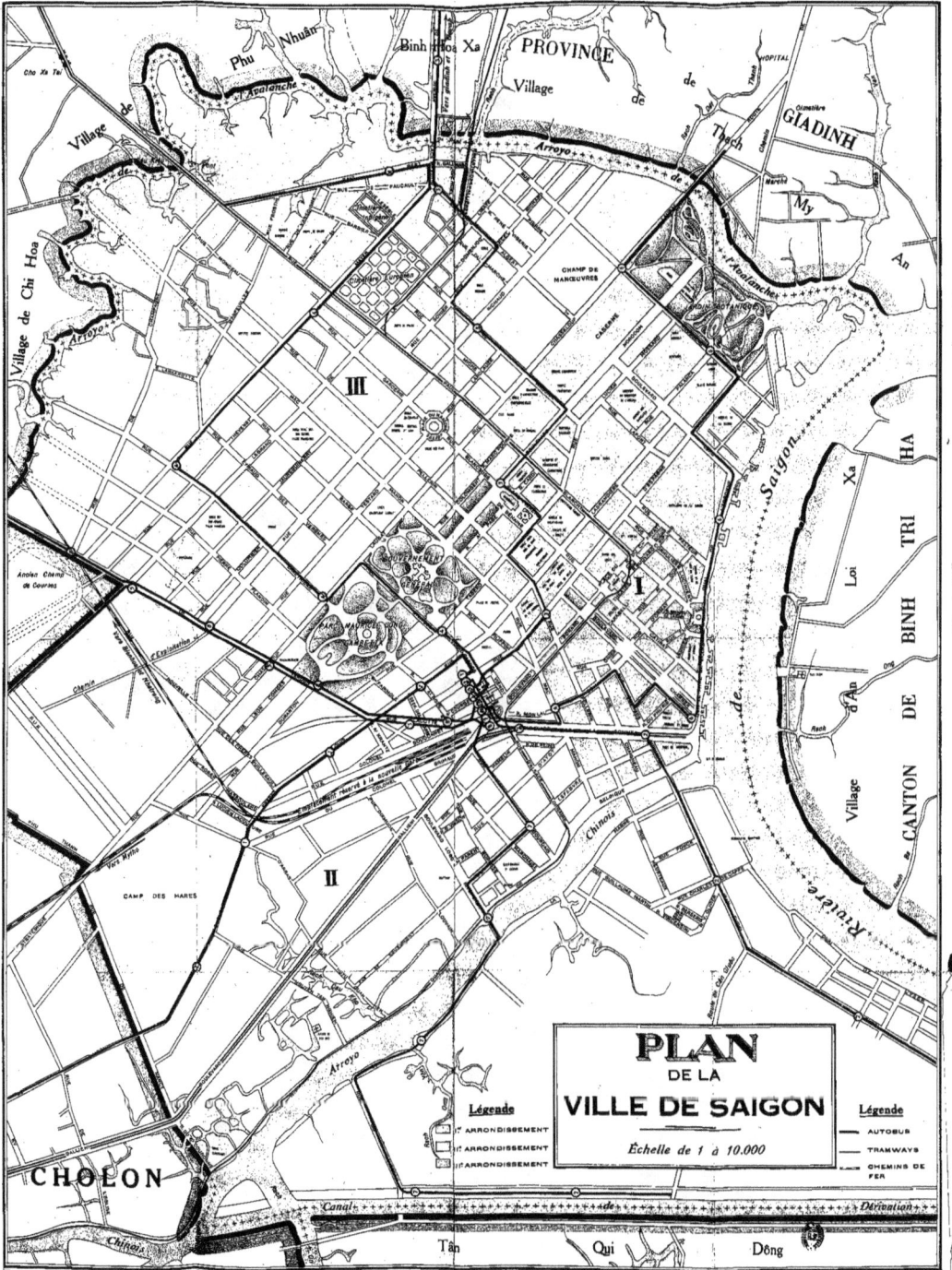

PROVINCE

Phu Nhuan
Binh Hoa Xa
Village
de
de
GIADINH

Cho Xa Tai
Village de
Arroyo
HOPITAL
Cimetière
My

Village de Chi Hoa
Arroyo
CHAMP DE
MANOEUVRES
An

III
CASERNE
Saigon
HA
TRI

Anden Champ
de Courses
GOUVERNEMENT
GÉNÉRAL
BINH

PARC MAURICE LONG
PÉE
I
d'An
DE

CAMP DES MARES
II
Chinois
Village
CANTON

Rivière

CHOLON
Arroyo
Canal
de
Dérivation
Chinois
Tân
Qui
Dông

PLAN
DE LA
VILLE DE SAIGON
Échelle de 1 à 10.000

Légende
I ARRONDISSEMENT
II ARRONDISSEMENT
III ARRONDISSEMENT

Légende
— AUTOBUS
— TRAMWAYS
— CHEMINS DE FER

Édité par J. ASPAR, 24, Rue Catinat Saigon